背后一枪

杜先福 著

群众出版社
·北京·

图书在版编目（CIP）数据

背后一枪／杜先福著．—北京：群众出版社，2021.8

ISBN 978-7-5014-6165-3

Ⅰ.①背…　Ⅱ.①杜…　Ⅲ.①纪实文学—中国—当代　Ⅳ.①I25

中国版本图书馆 CIP 数据核字（2021）第 151600 号

背后一枪

杜先福　著

出版发行：群众出版社
地　　址：北京市丰台区方庄芳星园三区 15 号楼
邮政编码：100078
经　　销：新华书店
印　　刷：涿州市新华印刷有限公司

版　　次：2021 年 9 月第 1 版
印　　次：2021 年 9 月第 1 次
印　　张：5.25
开　　本：880 毫米×1230 毫米　1/32
字　　数：128 千字

书　　号：ISBN 978-7-5014-6165-3
定　　价：45.00 元

网　　址：www.qzcbs.com
电子邮箱：qzcbs@sohu.com

营销中心电话：010-83903991
读者服务部电话（门市）：010-83903257
警官读者俱乐部电话（网购、邮购）：010-83901775
公安业务分社电话：010-83905672

目录

一　枪响的那一瞬间

枪响的那一瞬间，曾雯扭头时看见了持枪的人，她怨恨那个剥夺她生命的人为什么那么残忍。你不就是要钱吗？你拿去好啦，干吗一定要开枪，干吗一定要夺去我的生命?!

枪响的一瞬间，女出纳两眼满含怨恨。

女出纳名叫曾雯。枪声响过，曾雯的生命定格在了33岁。

曾雯原是一家国有企业的职工，企业破产后，于2000年应聘到四川四海发展实业有限公司任出纳员，负责公司流动资金的发放工作。

四海公司是四川最大的生猪购销企业。按照惯例，客户每天凌晨三四点钟把生猪送到屠宰场，过了秤，开了票，然后到公司出纳室排队领取现金。

公司位于资阳市。作为出纳，曾雯每天早上5点30分准时上班，给等候在出纳室外的客户发放销售款。

曾雯的家在30多公里外的简阳市，自然不会每天都回简阳的家，因此就住在四海公司的职工宿舍。

职工宿舍与公司出纳室同在一个院子里，相距仅150米，很近。

2002年12月1日，一个非常平常的日子。但是，接下来发生的事情却非常不平常。

曾雯和往常一样，早上5点钟被闹钟叫醒。她起床洗漱，提起女性习惯性不离身的手提坤包出了宿舍。

清晨，川中盆地一绝：浓雾笼罩，无论什么样的建筑物统统被隐去。即使院子里有路灯，十米外也难见人影。

曾雯沿着宿舍平房阶檐走到出纳室，看得见出纳室窗口外几个人影，应该是销售生猪的客户，正等着领钱。

会计小黎已经来到出纳室，见了曾雯，像往常一样礼貌性地说："曾姐，来啦。"曾雯也是礼节性地应答："你好，早啊！"小黎说："我也是刚到。"

曾雯放下手提坤包，说声"我去金库了"，随即离开出纳室。

因为每天出售鲜肉需要零钱，曾雯走后大概两分钟，鲜销部销售员唐英来找曾雯换零钱。小黎告诉她，曾姐去金库了。唐英二话没说，扭头就往金库而去。

唐英来到金库，说要换100元零钞。她把一张百元的人民币给了曾雯，曾雯说出纳室才有零钱。唐英说，没关系，我跟你去出纳室。

曾雯出金库时挎了个布袋子，不用说里边就是今天要发放的现金。一般情况，每天要发放60万元左右的现金。看样子，今天袋子里的钱也不少。但到底有多少，除了曾雯，其他人不得而知。

金库与出纳室同为一排平房。曾雯锁好金库，顺着平房的阶檐往出纳室走去，唐英跟在后边，距离也就两三米。金库离出纳室仅仅20多米，一眨眼的工夫就到了。

曾雯走进出纳室，唐英站在门外一侧，等着曾雯把调换的100元零钱递出来。唐英认识窗口等着领款的客户刘成仙及刘成仙请来帮忙送猪的刘建彬，于是便和二人说着客套话。

突然，刘成仙和刘建彬二人看见出纳室门外的一侧、原以为也是等着领款的一个戴皮毡帽的人，迅速从左边的腋下衣服里抽出一个长长的东西，刘成仙和刘建彬最初并没看清那是什么东西，只见那人站在门外把那个长长的东西直指刚刚进入出纳室的曾雯，接着就是一声枪响——原来那个长长的东西是枪。

枪声不是很响，就像平时人们放火炮一样的响动。

枪响的时候，唐英和刘建彬都从窗口看见了曾雯背上在冒烟。

紧接着，开枪的人冲进出纳室，迅速取下曾雯还挎在肩上的钱袋，转身就跑。

就在这个时候，曾雯本能地扭过头来。唐英看见，曾雯眼里满是怨恨。

她恨谁呢？唐英心想，曾雯该不是恨我唐英吧？因为，在曾雯的意识里，唐英来换零钱，走在曾雯背后，枪声来自背后，曾雯会不会想，唐英，我可从没得罪你呀，我儿子还小，才9岁，我还没对父母尽到孝心，你为什么要这样对我呀！

唐英被曾雯怨恨的眼神吓傻了，浑身直打冷战。那一刻，她脑子里一片空白，对于眼前到底发生了什么竟然毫无知觉。

很多年以后，犯罪嫌疑人终于落网。他说，在那一瞬间，他也看见了死者满含怨恨的眼神，后来那双眼睛就一直在盯着他，使他内心时时刻刻总是处于恐惧之中。

也许，枪响的那一瞬间，曾雯扭头时看见了持枪的人，她怨恨那个剥夺她生命的人为什么那么残忍。你不就是要钱吗？你拿去好啦，干吗一定要开枪，干吗一定要夺去我的生命?!

不管怎么说，曾雯眼神里的怨恨，绝对是针对剥夺她生命的人。只是，当时谁也不知道那个人是谁。

那个人从曾雯肩上抢到钱袋，通过公司院坝朝大门跑去。这时，一个曾经站在院坝大门口的人，手里提了一支比普通手枪还要长一些的短枪，迎着抢钱的人跑来，二人在院坝中央会合后，开枪抢钱的人把钱袋交给持短枪的人，然后一同向大门外逃去。

“抢钱啦!”出纳室里，回过神来的小黎惊慌大喊。目睹了眼前这一幕的唐英、客户刘成仙和刘建彬也缓过神来，慌忙跑进出纳室，抬起曾雯往医院跑。

然而，一切都已无济于事。曾雯已经没了呼吸，结束了33岁的年轻生命。

与此同时，正在公司冷库干活的职工文玉德、张金玉、黄巧、陈胜四人，一开始听到枪响还以为是谁放了个火炮，直到听见“抢钱啦”，才意识到出事了，立即从冷库跑出来，向两个逃跑的人追去。

公司院坝大门外四五十米有条水沟，水泥桥头停着一辆很显然早就预备好的摩托车。持短枪、提钱袋的人率先骑上摩托车，持长枪的人见有人追来，又向天空开了一枪。就在文玉德等人迟疑着停止追赶的时候，劫匪骑上摩托车，转了一个弯，消失在浓浓的雾幕中。

很快，四海公司职工宋世伟骑了一辆摩托车，沿着公司通往城区的唯一公路追赶，追出1500多米后则是城区多条公路分支，宋世伟不知劫匪跑的哪条道，无奈只好停下来打电话报警。

目睹过曾雯怨恨眼神的唐英一直认为，曾雯的眼神分明是对她的误解。但是，唐英“换零钱”的蹊跷举动，不用说办案民警，就是按一般人的思维，唐英也是最重要的嫌疑人。理所当然，唐英成为第一个被讯问的人。

坐在审讯民警对面的唐英，一脸无辜的表情。民警问她，知道为什么把她带到公安局来吗？她说，肯定是为曾雯被杀的事情呗。

既然知道是为什么，那就要实事求是！民警交代了政策，提出了希望。按照一般人的思维，交代政策当然是不言而喻，提出希望则有所讲究，诸如一定要实事求是，不要隐瞒，有什么说什么，做了就说做了，没做就说没做，如果做了，怎么做的，哪些人做的，说清楚了就是；或者略微施加点儿压力——女人嘛，胆子小，稍稍压一压就都会说出来。当然啦，也有心理素质很好的女人，一点点压力是问不出东西来的，得有点儿策略，得讲技巧，必要时还得使用相当的手段。

按照一般人的思维，唐英换零钱肯定是幌子，多半是给劫匪引路。要换零钱，根本不必去金库，在出纳室等几分钟就行了，何必非要去金库？去金库的目的就是为劫匪指明金库的位置，让劫匪在金库那里实施抢劫时便于逃跑，因为去金库的只有曾雯一人，如果在出纳室抢劫，出纳室窗口有那么多客户，不一定能得手，即使得手了逃跑也比较困难——若有客户见义勇为去追赶，就会很麻烦。

所以，在金库实施抢劫是最佳选择！

所以，唐英以换零钱为名引劫匪去金库也就顺理成章。

其实，一般人的思维，民警早就思考了，也用不着在这里亮牌。坐在民警面前的唐英，除了讲述去金库换零钱的那个过程，就再也没有话说。

更让审讯民警费解的是，唐英除了不断地“我没抢钱，我没抢钱”的自言自语，居然没有其他的话，问她相关问题，她始终就是“我没抢钱”。她是故意装疯卖傻，还是精神受到了刺激？如果是装疯卖傻，表现出的状态说明其城府非常深，心理素质非常好，装得十分像；如果是精神受到了刺激，那么其是否参与了作案、作案前因后果怎么样，恐怕很难说得清，对破案提供不了太多信息。就当时的情况看，民警也很难判断其精神状态到底属于哪种情况。

但是，唐英的行为举止无法排除其有重大作案嫌疑，首先“攻克”唐英，应是破案的最佳选择。

对此，审讯仍在深入进行。一拨又一拨的审讯持续着，其中包括精神分析专家，他们装扮成审讯民警，分析唐英接受讯问的细枝末节，最终得出结论——唐英精神上受到较大刺激，需要观察一段时间，但又不能轻易排除其没有参与作案的嫌疑。因此，需要秘密监视，发现异常时及时采取措施。

后来的事态发展表明，唐英从此患上较为严重的焦虑症，以致无法上班，半年后只好辞职休养。之后唐英心里始终存在阴影，总觉得曾雯怨恨的眼神针对的是她唐英。

曾雯怨恨的眼神，切切实实应是憎恨那个剥夺她生命的人，但她失去生命的瞬间，心中真的是对唐英存有误解还是另有所想已经不得而知。如果曾雯在天有灵，在罪犯落网后，她心中存在的误解能消解吗？

二　冲卡逃窜的摩托车

说来确实“惭愧”，公安工作，尤其是案件侦破工作，在常人看来许许多多做的都是“无效劳动”，只有最终揭开案件真相的那件“劳动”才会被人津津乐道。

接到“110”指挥中心的指令确实是事有凑巧。

时任资阳市公安局雁江区分局刑侦城西中队队长严建中回忆，当时他带领中队两名民警办理了一件夜半时分发生在城区的抢劫案，初步审理后刚把犯罪嫌疑人送看守所办完关押手续。离上班时间还有两三个小时，原打算回队稍事休息。接到指令是早上6点03分，他没有丝毫犹豫，一边和两名民警赶去现场，一边报告分局刑警大队领导。6点15分，大队教导员马炳远、副大队长肖文良带领刑侦民警赶到现场，与先期到达的严建中等迅速进入现场调查。

根据群众提供的基本情况，劫匪骑摩托车逃离，有可能还在逃跑之中。设卡堵截是首要措施。

资阳城区和周边乡镇所有派出所接到指令，纷纷在各交通要道设卡守候，检查所有过往车辆和行人，绝不放过任何可疑人员。

根据当年的汇报材料记载，当天共出动警力600余人，出动车辆80余台次，在城区主要交通要道和老成渝公路、资（阳）资（中）公路、资（阳）乐（至）路、资（阳）仁（寿）公路上的筏子桥、南市乡、毛家堰、宝台镇、高速公路收费站等地设卡21处，检查各类机动车辆209辆，驾乘人员300余人；清查出租房、暂住人员500余户，旅店、酒家39处，茶楼12家，网吧5家，卡拉OK厅13家，发廊8家计206人，检查出租车175台，其中8台列为重点查证车。检查摩托车236辆，就近调查走访群众6个村34个社1000余人。

“太倒霉了！”

多年后，市民何某接受采访时还感到“霉气重重”。因为何某的“霉气”颇有意思，所以不吝文笔，记录在此。

案发的那天早上7点钟左右，宝台派出所设卡民警从对讲机里听到一个指令：“有人驾摩托车冲破沱桥卡点，驶上沱桥往城东方向逃窜，注意拦截，注意拦截！”

宝台派出所辖区沱桥东头可以说是资阳往东的“咽喉”，卡住桥头，就卡住了交通工具和行人的去路。过了沱桥则有两条干道：一条是资阳通往乐至县的“资乐公路”；另一条是资阳通往资中的“资资公路”。

冲卡的人胆子也太大了，敢于独闯“咽喉”通道。也许，其是信奉了“哪里最危险哪里则最安全”的原则，认为“咽喉”通道的守卡人会麻痹大意、无所用心。

而且，从案发到现在已经近两个小时，犯罪分子本就是骑摩托车，早就不知逃到哪个山旮旯里去了，不可能这时候还会来闯“咽喉”通道。犯罪分子可能正是这样考虑，认为沱桥守卡人会很松懈，因此孤注一掷，铤而走险。

总之，骑摩托车者出城冲上桥头，不顾设卡拦截那是事实。桥头设卡警察通过对讲机在向桥东发出“拦截”指令的时候，很快一辆闪着警灯、鸣着警笛的警车接踵而来，随即驶上沱桥，朝摩托车追去。

原来，摩托车本是从资阳城西往重庆方向，在老成渝公路被迎接镇派出所设卡拦截，摩托车接近卡点时，“见势不妙”掉转车头又往城区“逃窜”，该摩托车的可疑行为引起设卡民警极大怀疑，当即驾车追击。由于雾大，加之早上进城打工的摩托车、电动车、机动三轮车及自行车等车辆川流不息，追击的警车不敢开得太快，警察通过喊话，要求摩托车停下接受检查，谁知摩托车却越开越快，因为其车后绑了农村常用的扁背篼，特征比较明显，所以与其他车辆容易区分，追击的警车“死死咬住不放”，从城西一路追到城东，追上了沱桥。

从迎接镇追进城区还不算惊险，惊险的场景是在过了沱桥以后。

摩托车在过沱桥东头的卡点时，同样不顾设卡民警拦截，一冲而过。过了沱桥，摩托车提速很快，据在后边紧紧追赶的警察测算，摩托车的车速可能有每小时七八十公里，警车当然也提速紧追不舍。眼看嫌疑摩托车冲卡而去，桥东设卡民警迅速驾车也加入了追击的行列。

正是上班高峰期，城东方向进城的各种车辆同样很多，“逃窜”的摩托车在车流中钻来钻去，非常危险。

但是，民警也没放松追击，始终咬住摩托车不放。摩托车朝着“资资公路”逃窜，很快驶上拱城辅路段，渐渐地，前边的一辆警车靠近了摩托车，把摩托车往左逼过去，摩托车从警车后面窜到右边；警车从右边逼，摩托车又窜回左边，如此几个回合，摩托车的退路越来越窄，加之另一辆警车逼近，两车夹击，摩托车驾驶人终于高喊“我不跑了”！

然而，当其把车停住，却跳下车企图徒步逃跑。两辆警车几乎同时停下，民警迅速冲上去，将摩托车驾驶人摁倒在地。摩托车驾驶人浑身打冷战，连说“你们公安也太玩命了”。

因为摩托车驾驶人形迹十分可疑，为防止其逃跑，警察只能对其采取强制措施。认为戴手铐会惹“霉气”的驾驶人坚决不愿戴手铐，警察好不容易才把他制服并戴上手铐。

事后根据驾驶人交代，经查证的实际情况，竟让民警哭笑不得。

原来，摩托车驾驶人何某，这天被资中球溪镇的朋友约去拉土猪肉回来灌香肠。他从朋友那里借来摩托车，朋友明确告诉他，摩托车是刚从车贩子手上买来的，可能是“贼车”，路上千万不要遇到警察。然而，刚刚出了城偏偏就遇到了设卡的警察。何某想到朋友交代的话，害怕车被查获收缴了自己赔不起，于是掉头就跑，没想到这天警察特别“敏感”，居然紧追不放。这不，终于被截住。何某心想，这下完了，真要查出车子是“贼车”，不仅车子要被“没收”，自己还要“背黑锅”，朋友也要跟着“倒霉”。

何某被带到公安机关接受“讯问”。三查两查，车子果然“来路不正”——原来，何某的朋友买来的是一辆拼凑改装车，根本上不了户。因为不能上户，朋友就告诉何某是“贼车”，小心不要遇到警察，怕警察把车子“收缴”了。结果何某真的遭遇警察时害怕车子被“收缴”，因此演绎了“惊险”的一幕。

事后，何某与其朋友均受到相应处理。多年后何某接受采访时，对那“惊险”的一幕还感到“霉气”，说是从那以后很多年老是不顺，认为就是戴手铐带来的霉运。

较之何某的“霉气”，还有真正“倒霉”的，之后的侦案进程中将不断展现，这里就不一一赘述了。

毫无疑问，案发当日凡是应该做的应急工作全都做了，众多民警从接到指令到赶赴现场就一直坚守忙碌，许多人都是早饭连着午饭一起吃的。

然而，所有的努力却毫无收获。

但老实说，四川在冬天天亮得很晚，发案时离天亮至少有一个半小时。且不说劫匪骑的是摩托车，就是跑步，一个半小时也会跑出一二十公里了。

再说，路卡设在所有交通要道，警力已是难以胜任，何况四川属丘陵地带，乡镇公路四通八达，通村机耕道更是密如蛛网，要想在密集的乡间小道上获得匪情确实难度很大。

因此，设卡没有收获但又是必须开展的一项工作也就不难理解了。而城区各种公共场所的检查，或许可以理解为“走过场”，因为一般人都会认为，劫匪不可能那么傻，做了那么大的案，抢了一大包钱，还会躲到城里让你来寻找。

但是，“往往最危险的地方又是最安全”的观念却不得不对城区采取周密的检查、搜查措施，不检查、不搜查就可能给犯罪分子可乘之机。因此，明知可能是“徒劳”同样还得认认真真去做，而且还必须做到天衣无缝！

却说案发后的6点20分，雁江区分管刑侦的副局长邓荣成带领刑侦副大队长陈学先及技术、大案中队民警赶到了现场，6点30分，凡是当天在城区的市、区公安局的正副领导全部赶到了现场。指挥部就在现场成立。案件被称为“12·1”持枪抢劫案。最初抽调警力30余人，加上指挥部领导成员，组成了40余人的专案组。

毋庸置疑，市、区两级政府主要领导及分管政法的相关领导，要么做出了重要指示，要么是亲临现场，目的只有一个：全力以赴，不惜一切代价，尽快侦破案件，还人民群众一个安定的环境，给社会一个满意的交代！

然而，刑事案件的侦破，绝不是纸上谈兵、轻而易举。后来的事实表明，其侦破付出的艰辛，毫不夸张地说，绝对是新中国成立以来雁江乃至资阳最为艰难的案件之一。

按照办案规律，现场勘查和现场调查同步且紧锣密鼓地进行。

首先交代现场勘查。

案发现场出纳室提取铜质弹壳一枚，弹壳底座标志为 71-64，一枚不完整弹头和一枚弹头披甲，经送四川省公安厅检验为“56”式步、机枪子弹。枪弹痕迹技术鉴定，发射的枪支应为“56”式冲锋枪或“56-1”式冲锋枪，抑或是“81”式或“81-1”式自动步枪。另一犯罪嫌疑人所持短枪应为手枪，具体型号不详——有可能是改装或自制手枪。

此外，现场还提取了一枚发夹，经辨认、核实，系死者生前所有。另提取 100 元新版人民币一张，上有两枚指纹，经鉴定，一枚系鲜销门市唐英的指纹，另一枚则为死者曾雯所留。

尸体检验，死者曾雯背部第八胸椎处有直径 0.3 厘米破损一处，前侧左衣襟上有 1.9 厘米×0.4 厘米破损一处，所穿内衣对应处有相应破损。结论：死者生前遭受外界枪弹近距离背后射击，致身体贯通创伤，胸椎处直径 0.3 厘米破损处为子弹进口，前侧左衣襟上 1.9 厘米×0.4 厘米破损处为弹头出口，其贯通伤导致胃破裂出血，大面积肝碎裂急性大失血休克死亡。

再来简述现场调查。

案发直接现场调查获取的情况已在开篇叙述。这里要做一些补充的是，距中心现场 166.5 米处，群众拾得“共同”牌摩托车头盔一顶，177.5 米处公路上拾得两侧带附耳的黑色毡绒帽一顶。从毡绒帽里提取白发两根、黑发三根，因为毛发没有毛囊，经化验未能获取任何有价值的线索。

这里有必要叙述有关的趣事，抑或是公安民警办案的诸多“无奈”。

在之后的侦破过程中，不断有人被列为重大嫌疑人。为了准确认定嫌疑人，提取毛发化验比对无疑是可行的办法。

但是，要提取“嫌疑人”的毛发，而且还要让被提取人无所察觉或不至于引起误会，就得采取秘密而又有效的措施。

因为，对于“嫌疑人”，既不能打草惊蛇，也不能“明目张胆”地说“某某，我们怀疑你与‘12·1’案有关，我们得拽你几根毛发做化验”。

“如果明目张胆采取这样的手段，老百姓一定要骂娘！”接受采访时办案民警说。

怎么办？只好神不知鬼不觉地采取各种不会引起误会或引人反感的手段。

比如，对某人有怀疑，如果有民警和这人熟悉，就指派这个民警接近该人，以关心或开玩笑的方式说“某某你头上有白发了”，趁机拔几根毛发。如果民警不熟悉该人，就想方设法物色与之熟悉的人接近他，设法弄到那人的毛发。

也许，物色他人拔毛，可能还会被“敷衍”，拔来的毛发缺乏真实性。

因此，尽管民警付出了许多努力，施展了很多技巧，发挥了很大智慧，先后获取了一百多名“嫌疑人”的许多嫌疑毛发，但最终却未有一根毛发与现场提取的毛发相吻合，费尽九牛二虎之力、想尽千方百计、付出万千努力最终却是毫无所获。

人们常说，公安一天到晚不知干了些什么。说来确实“惭愧”，公安工作，尤其是案件侦破工作，在常人看来许许多多做的都是“无效劳动”，只有最终揭开案件真相的那件“劳动”才会被人津津乐道。

然而在实际侦破工作中，成百上千需要甄别的线索必须一一鉴别，其必须付出的“无效劳动”非付出不可！

这就是公安，这就是公安工作！

却说“12·1”案发后，立即引起四川省公安厅高度重视。副厅长吴建、刑侦局局长孙建明、副局长易俗和刑侦专家当天即赶赴资阳督导督战。

按照通常的侦破惯例，首先得做案情分析。

综合现场勘查和现场调查所得的情况，确定案发时间应为2002年12月1日凌晨5点45分左右。

理由是：公司员工黎某住在公司招待所，招待所离案发中心仅仅30米。这天早上，黎某要开车送鲜货到城区各个门市，早上起床时传呼呼叫的时间是5点20分，黎某叫上伙伴王某开车离开公司时，王某特地看了一下传呼，时间是5点40分。

公司员工刘某证实：黎某和王某开车走后四五分钟即听到“爆竹”声（后确定为枪声），由此确定案发时间为5点45分左右。

至于案件性质，经查证，曾雯当天从金库拿出的现金为41.2万元，金额巨大，可以初步认定为一起有较长时间预谋、经过精心策划、作案前在作案线路上多次踩点、有极强针对性、选择作案工具特别、以侵财为目的的持枪抢劫案。

至于何种原因引发的侵财抢劫，则情况复杂，之后的侦破自会详解。

关于犯罪嫌疑人人数，这本书既然是纪实文学，自然就要尊重事实。

当时调查显示，黎某、王某开车离开公司时，看见公司大门外停了一辆摩托车，车旁蹲着一个人。案件发生后，在附近居住、起早去城里卖水果的小商贩朱某担心自己被列入怀疑对象，因而主动到公安机关说明情况。

据朱某说，早上 5 点多钟，他挑水果从四海公司大门外路过时，看见一个人蹲在一辆摩托车边上，那人还给朱某递了一支烟，朱某觉得很奇怪，就给了那人一个柑橘。结合案发时一人朝曾雯开枪，枪响后一人提手枪前来接应，跑出公司后二人上了路边停着的那辆摩托车，而且黎某驾车返回途中看见一辆摩托车上坐了三人飞速经过，因此确定作案人数应是三人。

关于作案人体貌特征，调查的结果是：当时现场目睹了作案人的刘建彬说，持长枪的人比自己高 2~3 厘米，持短枪的则矮2~3厘米，刘建彬约 1.70 米，因此推断：

持长枪者身高约 1.72 米，身穿中长休闲服，戴一顶黑色毡绒帽。持短枪者约 1.68 米，身穿深色素点衫，头发较短。两人身体都较壮实，微胖。另一驾车嫌疑人因蹲在地上，且离中心现场约 155 米，目击证人无法描述其身高和体貌特征。

对作案人初步刻画：通过侦查实验，从两名持枪人略有化装潜伏、蹲守行为分析，案犯心理素质沉稳，胆大妄为，熟悉枪支并能熟练使用枪支，应当具有持枪作案前科且具备职业性杀人的特性。

因此，倾向于外地或本地长期流窜混迹于社会与所谓“道上”有联系的人；而骑摩托车接应两名枪手的人，据附近住户反映，曾先后三次听到短暂发动摩托车的声音，分析认为，其蹲在地上，既有故意藏匿怕暴露或害怕被人认出的顾虑和表现，而三次发动摩托车，则有急于离开的“焦虑”，因而分析其心理素质较差，应当是有劣迹但却能熟练掌握摩托车驾驶技术，可能拥有摩托车且与持枪抢劫的作案人有某种关系的本地人。

这里不是在故意卖弄侦破关子，而是通过这样的案情分析，可以了解后来侦破工作的艰辛与诸多“遗憾”。

所谓遗憾，仅仅是刚刚就案情分析造成的误差给后来的侦破徒增诸多误区，比如有民警就认定以案犯身高去“对高入座”，对作案人数也是“不多不少”认定就是三人。然而后来的事实却表明，作案人只有两人，而且两人的身高都在1.65米左右。

除了作案人数和身高的误差给侦破带来诸多误区外，还有技术上的及侦破路径上的失误，也使案侦工作走了若干弯路。到底走了怎样的弯路，之后的侦破叙述将渐渐揭晓，这里就不赘述了。

案情分析认为：12月的四川，凌晨5点钟左右，天气已是很凉，驾驶摩托车长途奔袭的可能性不大。因此，驾车人应是熟悉四海公司内部情况、熟悉四海公司周边环境和道路进出口的本地人，且摩托车驾车人与持枪抢劫行为人应是同伙。

案情基本明确，侦查方向确定，接下来就是采取相应侦查措施。

指挥部研究决定：

采取“公开与秘密相结合，‘以枪找人，以车找人，以物找人，以人找人’的侦查策略”，以现场为中心，逐步辐射嫌疑人可能逃窜的路线，开展深入的调查走访工作；物建刑事特勤，广辟信息来源，获取情报线索；充分利用现场提取的物证，开展全面的、深入的、细致的清查工作，查找犯罪嫌疑人；从已掌握的嫌疑人人员及其社会关系人中查找嫌疑人；梳理近年来辖区涉枪案件，从涉嫌人员中发现嫌疑人；走出去，了解省内外类似案件和案件涉案人员资料，通过网上查对国内涉枪案件记录，寻找并、串案条件。

行文至此，应该交代的东西基本都已交代，接下来就是具体侦破工作了。

三　谁是开枪人

此前，公司明明安排李兵到宜宾等地送货，怎么会去了黔江？案发后，民警安排唐英与之联系时，李兵还吞吞吐吐、语焉不详，这中间有何隐情？

首先是“以人找人”。

毋庸置疑，案发后专案组付出的辛劳不可谓不大，耗费的心血不可谓不多，得到的收获却令人泄气。

之所以泄气，是因为“以人找人”方案所有的付出和收获都是零。

循着一般刑事案件的侦破规律，专案组首先从死者被害寻找原因。

死者为人谦和，作风正派，夫妻和睦，因而排除了仇杀、情杀、夫妻反目被杀的可能。

曾雯的丈夫叫王宝，34 岁，原籍简阳市东溪镇尖山村，应聘为四海公司屠宰车间工人。王宝为人诚实，不善言语，与工友无任何矛盾冲突。同时，王宝无不良嗜好，就业前无其他不良行为，无外遇，也未与任何人结怨。

而曾雯，因为其系简阳人，在雁江既没亲戚，也没什么朋友，除了上班，基本不与外界往来，更不用说什么“绯闻”了。曾雯、王宝及其亲属也没有与人结怨，因此排除各种仇杀和情杀的可能。

查曾雯管理的账目。曾雯进公司后即担任出纳，工作认真负责，每天都要经手 60 万元左右的现金，从未出现差错。再查曾雯私人往来账目。其生前借出钱款 10 万多元，少的数千元，多的 3 万多元。对债主一一查证，这些债主多为曾雯的好友或亲属，排除因赖账或其他债务纠纷动杀机的可能。

曾雯自身找不出被害原因。按照办案常理，案发当天所有现场人员，都有必要一一甄别。

首先被甄别的是会计小黎和鲜销部唐英。小黎，21 岁。内江财贸学校中专毕业，1998 年 8 月到四海公司担任会计工作，主要是制票。其未婚夫倪某，安徽省桐城县人，案发期间为四海公司分割车间主任。小黎和倪某表现都很好，无不良习惯和劣迹，无贪财起意动机，排除其作案的可能。

鲜销部的唐英，如前所述，外界猜疑最大。理由很简单，这天早上，唐英匆匆忙忙来到出纳室，问曾雯来了吗？小黎告诉她，曾姐去金库了，唐英即刻赶去金库。曾雯挎着钱袋回到出纳室，唐英紧随其后，接着就发生了开枪抢劫的惨景。前文已做交代，“突审”唐英搁浅，秘密监控的同时，对其社会关系的侦查也在暗中进行。

时年 27 岁的唐英，正谈恋爱，未婚夫李兵，保和镇某村人，汽车驾驶员，在四海公司运输猪肉。

经调查，唐英未婚夫前几天突然到重庆黔江去了，干什么去，值得怀疑。外界说法纷纷扬扬，说李兵可能借未婚妻熟悉四海公司出纳曾雯每天到金库提款的情况，谎称去黔江了，从黔江或别的什么地方邀约同伙前来作案，同时不排除唐英从中穿针引线、共同作案的可能。

对此，专案组立即实施“雷霆”行动，秘密查证李兵行踪。

李兵的行踪还真十分诡秘。

此前，公司明明安排李兵到宜宾等地送货，怎么会去了黔江？案发后，民警安排唐英与之联系时，李兵还吞吞吐吐、语焉不详，这中间有何隐情？

为避免打草惊蛇，一切都在绝对秘密中进行。一方面以家里有急事为由，安排唐英通知李兵马上回资阳。

当然，唐英本是案发重要嫌疑人，正在接受调查，其行踪暂时受到控制或监视，因而其与李兵联系时绝对不能给她留下任何转达某种信息的余地。

同时，根据李兵在电话中声称所去过的地点和路线，专案组民警预先赶赴到这些地方实施查证，以便随时核实李兵的真实行踪。

李兵回到资阳后，当即就被“请到”专案组。李兵还像电话中所说的那样，叙述了自己近一个星期以来的行踪，住宿哪里，接触了什么人。李兵很奇怪，每当他说出自己到了何地、住宿哪里、接触了什么人，往往不出一两个小时，民警就会揭穿他实际去了哪里，哪里没去。李兵的谎言不断地被揭穿，他不知道是为什么，不知道民警为何对他的行踪掌握得那么准确，所以后来他不敢再乱编，但说话却总是吞吞吐吐的。民警本能地意识到，李兵一定有不可告人的秘密，看他的表现一定是在隐瞒情况，他到底在隐瞒什么？

结合唐英的蹊跷行为，李兵的嫌疑不断上升。当询问进行到

“白热化”也就是明确告知四海公司发生了抢劫枪案时，李兵才意识到问题的严重性，因而全盘交代了自己的真实行踪。

原来，公司指派其送货到宜宾等地后，李兵为了向赌友追索两万多元的赌债，谎称为给公司回收货款住在宜宾等候，实际上因赌友去了重庆，李兵于是赶去重庆，当四海公司抢劫枪案发生后，唐英与其联系，李兵已赶到了黔江，最后在唐英“家中有急事”的催促下回到资阳。根据李兵的如实交代，专案组民警一一核实，最终排除了唐英与未婚夫共谋作案的嫌疑。

案发时，还有两个人离中心现场最近，一个叫刘成仙，另一个叫刘建彬。现年 22 岁的刘建彬，家住宝台镇白沙村，务农。2002 年春购了一辆三轮厢式摩托车在本村及其附近给村民拉生猪到四海公司赚取运费。12 月 1 日这天一大早，刘建彬给村民刘成仙、张明生拉生猪到四海公司，销售后陪刘成仙在出纳室窗外等候领款。

经甄别，排除刘建彬、刘成仙与他人合谋作案的可能。

现场重点人员的查证甄别工作毫无所获，紧接着便是公司全体内部职工的详细排查。这个自然是一项非常浩大的工程。

因为，四海公司状况非常特殊，省内外人员分布特别广。四海公司下设屠宰、分割、冷冻三个车间，年屠宰生猪 23 万余头，生猪主要来源于四川省宜宾、泸州市，资阳本地则是零星购进，贵州、湖南购进一部分。主要产品销往国内各地及香港、澳门地区和俄罗斯。案发时段公司有员工 414 人，其中固定工仅仅 72 人，其余 342 人均为临时工。由于生猪来源较广，各地设有收购点，因而员工较微分散。根据“不放过任何线索”的原则，所有职工均一一“过滤”，详细甄别。尤其对近期因各种原因特别是与公司发生各种矛盾被辞退或流出的人员予以重点排查，其中 6 人有重大嫌疑。

先说三个愣头小子。一个叫周元金，23 岁。一个叫贾世斌，年仅19岁。还有一个年龄更小，才17岁，名叫田传义。三人都是内江市隆昌县金鹅镇飞泉村农民。

说他们是农民，恐怕有点儿抬举他们。因为，真正的农民应该有劳力，吃得苦。然而这三个年轻人，来四海公司却拈轻怕重，一点儿不想下力。他们的工作是搬运宰杀了的肉块，但是他们既嫌这个活儿脏兮兮的，又吃不消——稍微重了的肉块，他们搬动就很吃力。所以，他们今天找这个班长，明天找那个组长，不断地要求调换工种，结果调过去调过来都不如意，三个年轻人既想工作轻松，还想拿钱多，调换工种不如意，就结伴到公司领导那里去闹，扬言不给安排好点儿的工作，就要如何如何。案发前夕，公司坚决地辞退了他们。临走时，三个年轻人骂骂咧咧，扬言要给公司“搞点儿颜色出来”。

年轻人血气方刚，说得出亦可能做得出。专案组派出甄别民警，赶往隆昌县金鹅镇，对上述三人展开调查。三人被四海公司辞退后，又到成都打工去了。于是民警又赶到成都，找到三人打工的地方，查明“12·1”案发期间，三人均在成都某娱乐场所做服务生，案发期间，三人均是夜间上班，直到凌晨三四点下班，而且下班后就住在娱乐场所内，其多名同伴为之做证，证明三人从未离开，无作案时间，因此其嫌疑被排除。

同为隆昌县金鹅镇人黄平康，31岁。五年前，黄平康到处恃强逞能，打架斗殴，因伤害罪被判刑一年半，刑满释放后经人介绍到四海公司隆昌分公司工作。

2002年11月24日，黄平康被隆昌分公司派到资阳总公司学习培训，酒后打架被退回隆昌。隆昌分公司因为其被退回，借此机会辞退他。11月28日下午，黄平康带着一个身高1.70米的年轻人来到四海公司找经理邱某理论，责怪邱某“夺”了他的饭碗，要求公司安排他和他带来的这个人一起培训并介绍工作。黄平康的要求理所当然遭到拒绝。愤然离去时黄平康放出狠话，声称终有一天四海公司要倒大霉。案发后，有人反映他曾多次出现在四海公司附近。

专案民警立即赶到隆昌，找到黄平康时，他却身受重伤，躺在家中养伤。

原来，从资阳返回隆昌后，失去工作的黄平康心里非常窝火。11 月 30 日晚上，窝了满肚子怨气的黄平康，与自己弟弟在一座偏僻的桥下商议怎么样报复隆昌分公司。谁知两人鬼鬼祟祟的行迹，却被一伙不明身份的人看在眼里，围着兄弟俩“要钱”，黄平康仗着自己曾是打架劳改出来的人，哪里肯把钱拿出来，叫喊着“老子都是从山上下来的”（从劳改单位出来的），与那伙人打斗起来，那伙人人多势众，并且手上有刀具凶器，因而黄被那伙人打伤。弟弟把黄平康送到医院治疗。

可笑的是，因为没钱住医院，黄平康的弟弟居然在病房盗窃，不料“运气不好”被事主察觉，大喊抓贼，医院保安展开围堵，黄平康的弟弟只好仓皇逃走。当时被盗事主声称被盗数千元钱物，报案后隆昌公安局因而对黄平康的弟弟展开追捕。而黄平康因无钱住院治疗，包扎后只好回家休养。

黄平康得知四海公司枪杀抢劫案的基本情况，感到问题十分严重，因而老老实实承认，他带去资阳四海总公司的那个年轻人就是他弟弟黄昌明，并如实交代了兄弟俩遭遇抢劫、到医院后弟弟实施盗窃等问题。

经对黄平康描述的被抢过程实地勘查，提取现场遗留的大量血迹，经 DNA 比对系黄平康受伤所留。隆昌离资阳几百公里，黄平康兄弟从 30 日晚到 12 月 1 日凌晨 4 时左右的行踪均还在隆昌，没有到资阳作案的时间，其嫌疑予以排除。

雁江区保和镇友爱村有一对吴姓亲兄弟，其情况同样是十分可疑。哥哥吴志邦，31 岁；弟弟吴建邦，28 岁。2002 年 6 月，吴志邦通过在四海公司库工班任组长的叔叔吴左良介绍，到四海公司分割车间上班。同年 8 月，吴志邦因多次违反公司规定，被公司辞退。吴志邦对辞退极为不满，居然持刀威胁厂长陈某，被工人驱赶逃走。专案民警对其展开调查时，该人下落不明。

无独有偶，2001 年年底，吴志邦的弟弟吴建邦在四海公司上班一个月后，无故自动离职。2002 年 9 月，吴建邦来到四海公司，仍然找到叔叔吴左良，要求回公司上班。吴左良表示做不了主，加之不久前吴志邦大闹公司造成很不好的影响，吴左良有些气恼，希望吴建邦不要再找他这个叔叔。吴建邦极为恼怒，居然带了四名男青年来到四海公司，要吴左良给个说法，吴左良表示“没有说法”，吴建邦要求吴左良给来人赔偿车油费、误工费，遭到拒绝，吴建邦就叫喊几个年轻人“给老子动手”！

几个年轻人气势汹汹，满车间追打吴左良，公司员工赶紧报警，警察及时赶来，吴建邦等人闻风而逃。之后，吴建邦不断打电话威胁吴左良及公司相关负责人，扬言要给四海公司“好果子吃”！

调查中，吴志邦、吴建邦兄弟均下落不明。由此吴氏兄弟嫌疑很大，专案组自然不能轻易放弃对他们的追查和甄别。

寻找吴氏兄弟的行踪确实费了很多精力。后经彻查，兄弟俩居然“逃去”了贵州与云南交界的深山老林。

原来，兄弟俩先后大闹四海公司后，百无聊赖，便参与赌博，谁知手气一直不好，不断地欠下赌债，四处借钱偿还赌债，因而又欠下不少外债，债主不断追债，尤其是赌场上的债主，一个个都不是省油的灯，扬言不还钱就要剁手剁脚，兄弟二人为躲赌债，不得不“逃亡”云贵深山老林。专案组通过多种渠道，查明兄弟二人行踪，追踪到深山老林，将二人找到。经进一步核实，“12·1”枪杀抢劫案件发生时，二人均无作案时间，其嫌疑因而被排除。

宝台镇社会闲散人员华忠、华伟兄弟，身高均为1.68米左右。华忠1996年因贩卖假币被判刑10年，2002年2月假释后到四海公司打工，同年7月因无故脱岗被辞退时，大吵大闹用杀猪刀割烂工作围裙，扬言要弄出点儿名堂给公司看。其弟弟华伟曾在部队服役，冲锋枪射击取得优异成绩。华伟2000年4月因斗殴致人重伤，一直逃匿，被列为网上追逃对象。兄弟二人均有反社会倾向。“12·1”案发生后，华伟家人莫名其妙将在城区读小学的儿子华强更名为华定，并将孩子从条件较好的城区转学到郊区的一所小学读书，其做法颇为反常。

华氏兄弟被列为嫌疑后，警方一方面到华忠服刑的攀西监狱调查，了解华忠在狱中的交往情况，期望从华忠服刑期间的狱友中找到一些蛛丝马迹。另一方面，调查华伟服役的部队有无枪支被盗或流失的情况，经查两种情况均不存在。

同时，采取相关措施，在暂时找不到华氏兄弟踪迹的情况下，从华伟儿子身上提取检材，经DNA检验，与“12·1”案相关毛发检材不相符，基本排除华氏兄弟嫌疑。

四海公司被抢40多万元现金，出纳员被枪杀，除了犯罪分子蓄意抢劫作案之外，也不排除公司领导层结怨导致报复的可能，而出纳员被枪杀只是报复作案中“附带”的牺牲品。因此，查清四海公司领导层在工作与生活中的各种内外矛盾，从中找出有效线索也是侦查的必要途径。

其中，一高管“感情后遗症”留下不少悬疑。

专案组通过多种渠道了解到，多年前，公司一名高管与下属产生感情纠葛。高管舍弃家庭与下属同居，后来，两人感情发生危机，下属以索要青春损失费为由不断纠缠，为“息事宁人”，该高管不断以金钱满足下属的要求，稍有不满足，下属就以各种手段相要挟。该高管忍无可忍，最终以相关法律手段解聘了该下属。该下属曾扬言“君子报仇十年不晚”。该下属虽已离开公司多年并已在外地安家，但枪案发生前，该人却多次现身资阳，行踪十分诡秘。

经调查，此人到资阳所结交的人员也是不伦不类的，人员之间关系错综复杂，多人还有犯罪前科。要查清其众多可疑线索，无疑是一项繁复的工作。

对此，专案组对其展开仔细而秘密的调查，查明其在资阳另有其他隐情，各方面情况集中研判，证明该人无作案条件，其作案嫌疑因而被排除。

四海公司是一家具有数亿元资产、拥有职工上千人、已经营多年的民运企业，从上到下发生相关矛盾甚至产生一些过激行为在所难免，因矛盾而结怨甚至怀恨在心也是不可避免的。

为了从四海公司内部查寻破案的蛛丝马迹，专案组耗费了难以书写的精力，哪怕是陈芝麻烂谷子大的恩恩怨怨、矛盾冲突都翻找出来，分析、研判甚至循着相关疑点、线索一一查证、甄别，四海公司中高层领导、设于外地的分支机构负责人及离职甚至过世的人员，均无有价值的线索。

能够了解和掌握的公司内部所有嫌疑均被排除，倒是公司总经理提到的两个嫌疑人引起了专案民警的高度重视，必须查个水落石出才行。

据反映，长期与四海公司有业务往来的刘谦，家住雁江区雁江镇城北村，以收购生猪为业，因其经常到公司出售生猪，对四海公司凌晨发放款项的情况极为熟悉。刘谦本人身高 1.60 米左右，身体比较壮实。据反映，刘谦为人诚实，表现较好。其哥哥刘勇，身高 1.70 米，体态偏瘦。最为可疑的是，刘勇吸毒，好赌，曾输过 30 多万元。1999 年年初，在资阳市银都饭店附近与人械斗时，用火药枪打死在此路过的资阳中学学生黄某，之后携妻负案在逃，被列为追逃嫌疑。刘勇也是生猪贩子，出逃前同样经常到四海公司出售生猪，对公司发放款情况也很熟悉。群众反映说，最近刘勇在资阳现过身。

针对这一情况，专案组仔细查证，排除了刘谦可能伙同兄长作案的嫌疑。

但刘勇既吸毒又赌博，喜欢玩枪，可能因缺钱铤而走险。对此，专案组针对群众提供的线索来源查证：有人在茶馆吹牛时提到刘勇误杀学生的事，另外的人道听途说编造刘勇回到了资阳，故而向公安机关反映。事实上，刘勇一直下落不明，调查无法进展。

除此之外，四海公司有关领导还提供了若干线索，经一一甄别均被排除。

根据案情分析，四海公司专业屠宰场每天凌晨 3 点多钟即开始收购生猪，除了大部分猪贩以外，也有少部分个体养殖户自己将猪送到屠宰场，每天收购的生猪少则几百头，多则上千头，收购需要支付现款，因为每天凌晨 6 时左右就要付款，所以该公司长期以来都是头天下午从银行提取现金存入公司金库，次日凌晨出纳从金库取出现金发给生猪销售人员。这种情况公司内部员工尤其是财会部门比较清楚。基于这种情况，专案组对公司可能的“内鬼”一一进行了排查，同时对该公司经常提取巨款的银行内、外部人员也展开梳篦式调查，均未获取有价值的线索。

在“内鬼”被一一排除之后，调查的触角继续扩展。根据作案人熟悉四海公司提取款的时间和形式，专案组分析认为，不排除猪贩、养猪户销售生猪领取款时了解了四海公司出纳提取款项的情况。因此，专案组把目标对准近几年来到四海公司销售过生猪的所有专业客户，同时包括销售较多的零散客户。

根据四海公司多年来往来账户提供的近万名客户展开调查时，专案民警个个“叫苦”。这些客户除资阳各区市县和四川省内不少市县之外，还有云南、贵州、湖北等地的猪贩，要把这些客户查个水落石出，难如登天。

让专案民警更加叫苦的是，调查中得知，许多客户基本都知道四海公司每天早上6时之前，出纳从金库提取现金的情况。因为该公司当年收购的是一家国有冷库，建立屠宰场时临时修了一排简易平房，金库与出纳室在同一排平房，只是相距几间房门，出纳从金库提取现金从房檐下经过时，等候在出纳室外的客户基本都是一目了然。这种情况，不仅客户清楚，通过客户外传，社会上也有不少人知道四海公司的这种巨款提取“流程”。要从销售客户的渠道找到突破口，真的比登天还难。

因此，“以人找人”的方案得到的是零收获。

那么，“以物找人”的方案又是怎样的呢？不妨跟着办案民警的脚步，看看“以物找人”的战绩又是如何。

四　以物找人

张俊有重大作案嫌疑。依法传讯张俊，其承认，舅舅刘成在四海公司打工时，经常说起四海公司怎么有钱，发放生猪销售款时怎么令人眼馋心热。说者无意，听者有心，一心想发大财的张俊渐渐地萌生了抢劫的念头。

回顾现场勘查，曾获取了劫匪逃窜时掉在地上的一顶“共同”牌头盔和一顶直径为17.5厘米的黑色毡帽。另外，劫匪使用的交通工具为一辆摩托车（具体是什么样的摩托车却无从知晓）。还有，目击证人听出来，作案人系本地口音，由此分析认为，劫匪不可能骑摩托车长途跋涉，应是距离案发中心现场不太远，重点应是雁江区本地人或雁江周边的乐至、安岳、资中、仁寿、简阳等市县。根据现场遗留物和摩托车，一场规模浩大的清查找寻活动迅速展开，其动用的警力则达到千人以上。

围绕摩托车的清查工作连续进行了四五天，雁江区所有派出所民警全部出动，一个一个街区、一个一个村社，对拥有摩托车的每一个人一一见面，清查有登记记载的摩托车 4485 辆，排查无登记但却是摩托车驾驶人 5500 余人。

查找头盔来源。雁江区有 17 家销售摩托车头盔的门市，但没有任何一家门市销售过该品牌的头盔。

调查发现，该“共同”牌头盔系公安部监制，广东省南海市共同五金塑料厂生产。经与厂家联系，四川由成都五块石某摩托车配件厂独家销售，1992 年仅进货一次，销往重庆、绵阳、广元、西藏等地。当时单价为 120 元，因为太贵，销路不好，以后即未再进货。离“12·1”案发已经 10 年。看其成色和磨损程度，至少已使用七八年，该头盔源于何人何地何时购买已无从查起。

再说毡帽。该类型的毡帽，雁江区各个场镇均有销售，价格较低，经济实惠，适合年龄较大的男子冬天御寒，因而城乡四五十岁以上的男子冬天普遍都戴。

将现场捡拾的毡帽，制成照片，在雁江及其周边各市县广泛张贴，并散发协查通报，意图发现蛛丝马迹。

艰苦的调查，记载了厚厚的十大卷数百页有关摩托车和戴毡帽人员的情况记录。然而，这一切努力都如竹篮打水，没有丝毫收获。

文章第二部分现场勘查提到过，中心现场出纳室提取铜质弹壳一枚，弹壳底座标志为“71-64”，无疑这也是侦查的线索之一。

经查，资阳拥有“71-64”步、机枪子弹的单位有两家，一家是驻军某部仓库，另一家是某银行经警部门。

部队对弹药管理很严，子弹流失的可能性不大。而银行经警部门，购入该批次子弹后，多次实弹射击训练，子弹使用较多，不排除流失的可能。围绕该行几名经警岗位变换，尤其是因为某些特殊原因被辞退的人员进行仔细查证，没有发现可疑迹象。

调查范围进一步扩展。通过武装部门，对近年来现役军人和退伍军人在部队有过过错的人员进行排查，看看这些人是否因不满现状铤而走险，调查中一名现役军人被纳入视线。

现役军人刘铭，26 岁。中国人民解放军兰空某师驻陕西临潼场站服役。刘铭于案发前的 11 月 29 日上午回到资阳探亲，除回老家丰裕住了一天外，其他时间均住在城区其叔叔刘成家中。

调查刘铭的基本情况，其当兵前在都江堰水电学校读书，毕业后被分配到一水电站工作。这期间，刘铭因女朋友被人欺负而与他人斗殴受伤，腹部留下刀疤。刘铭好打牌，出手阔绰，且脾气暴躁，喜欢动手。入伍后曾因小事情与战友发生口角，提刀追砍战友，受到纪律处分。刘铭所在部队配备有与在“12·1”案现场提取到底座号为“71-64”的型号相同的“56”式步、机枪子弹。

更为凑巧的是，刘铭所在部队驻地不仅曾经销售过“12·1”案现场拾到的同款摩托车头盔，而且附近的农村也曾销售与“12·1”案现场拾到的款式相同的毡帽。刘铭入伍前社会关系比较复杂，与社会闲散人员交往频繁，表弟张俊就是其中之一。

张俊，24 岁。原籍内江市资中县发轮镇，后因读书迁到资阳，住在舅舅也即刘铭的叔叔刘成家中。刘成初中毕业后就到四海公司打工，2002 年 3 月无故辞职。刘铭到舅舅刘成家后与社会青年胡学辉、刘琦打得火热。不久，胡学辉因抢劫被简阳市公安局抓获，胡学辉检举张俊曾密谋抢劫四海公司出纳员。

获得如此重大线索，专案民警无疑非常兴奋。根据前述已有线索反推，可以猜想：

刘成在四海公司打工时间较长，对四海公司各方面情况都比较熟悉，而后来却无故辞职，不排除有某种预谋的可能。张俊住在其舅舅刘成家里，有两种可能：一方面因刘成熟悉四海公司情况而与外甥张俊密谋抢劫；另一方面不排除刘成将自己熟悉四海公司的情况提供给外甥张俊，张俊则鼓动当兵的好友刘铭从部队搞到枪支从而铤而走险。张俊与胡学辉、刘琦打得火热，胡、刘二人也可能参与其中，否则胡学辉不会无缘无故检举张俊。

张俊有重大作案嫌疑。依法传讯张俊，其承认，舅舅刘成在四海公司打工时，经常说起四海公司怎么有钱，发放生猪销售款时怎么令人眼馋心热。说者无意，听者有心，一心想发大财的张俊渐渐地萌生了抢劫的念头。

对此，张俊还多次跟踪出纳员，观察出纳员在银行取款的情况，打算在出纳员取款回公司途中实施抢劫。

但因出纳员到银行取款都是车子来车子去，而且除了驾驶员还有人陪同，虽多次伺机作案，却一直没有找到下手的最佳时机。

后来，张俊与胡学辉、刘琦混在一起，就把自己的想法透露给胡、刘二人，三人商议抢劫时，刘琦胆小，表示反对，张俊提出表弟刘铭胆子大，而且现在在部队当兵，叫他在部队搞枪，要干就干大。但张俊的计划因刘琦反对一直未敢贸然实施，怕的是被刘琦告发。

不久，胡学辉被抓，张俊设想抢劫的阴谋自然就被搁置。

但是，张俊所提到的刘铭，仍然被纳入了专案民警的侦查范围。

要对一名现役军人实施侦查，可不是一件随随便便的事情。在没有充分证据的情况下，绝对不可直接接触并明确暴露侦查的意图。因此，侦查工作只能秘密进行。

侦查员们通过艰苦努力，终于查明：11 月 29 日，刘铭回到资阳后，在叔叔刘成家里吃了一顿饭，然后就回了老家丰裕镇。在家住了几天，叔叔刘成给刘铭介绍了个女朋友，刘铭就进城，一直住在叔叔刘成家里，直到 12 月 22 日返回部队。有证据证明，“12・1”案发前一晚，刘铭在老家，晚上与村里朋友打牌直到 12 月 1 日凌晨 4 时，因为打牌输了，还给朋友写了欠条，写欠条的时间为 12 月 1 日早上 4 点 40 分，之后就在朋友家睡觉直到 12 月 1 日上午 9 时，由此充分证明刘铭没有作案时间。

另外，侦查员还查明，刘铭入伍前与表弟张俊及社会青年来往密切，但是之后就渐渐失去联系。刘铭此次回家探亲，表弟张俊混迹社会，俩人基本没有接触。刘铭入伍以来这是第一次探亲，回家后基本没有与外界联系，因此也排除刘铭与他人合谋的可能。

由此，刘铭的嫌疑被彻底排除。

关于“以物找人”的调查或者叫侦查，曾经有过很多很多线索。

比如，西门三贤居委会反映，西门桥一个羊肉汤馆有个女服务员陈某，老公曾经骑摩托车到羊肉汤馆看望老婆，戴的就是“12・1”案现场拾得的那种头盔。民警仔细查证，陈某老公任某某，30 岁，在资阳安装下水道井口盖，根本不会骑摩托车，更没有摩托车头盔，从没骑过摩托车到羊肉馆来过。说任某某戴头盔骑摩托纯粹是无聊人士瞎编的。

再如，雁江区祥符镇派出所接到群众举报，该镇退伍军人魏某某的爷爷曾经戴过“12・1”案现场拾得的那种皮毡帽。魏某某曾在青岛潜艇部队服役，魏某某与其战友范某均被列为“12・1”案重要嫌疑人。获得魏某某爷爷有过皮毡帽的线索后，侦查员们先是秘密调查魏某某的爷爷，了解其生活状况，摸清其皮毡帽两年前就已丢弃。接着查明，魏某某退伍后一直在成都万年场一带帮人开车，包括其哥哥，也在成都打工，兄弟俩“12・1”案发期间均有明确的去向，无作案时间。同时，通过调查，也排除了范某的作案嫌疑。

总之，围绕“以物找人”的方向，民警摸排了100多个与皮毡帽、头盔、摩托车有关的嫌疑人，经过艰苦而细致的排查，最终均被一一排除。

“以物找人”有如大海捞针，费尽千辛万苦，最终仍是竹篮打水般毫无所获。

五　又一声枪响

这天凌晨1时许，班上的五名战士还在聊天，几乎都听到了一声枪响，大家以为是公路上的汽车爆胎了，就没在意。后来赵东去换岗，回来说曹强不见了，大家心里顿时感到情况不妙，赶紧跟着班长去哨位查看，这才发现曹强被打死了。

侦破工作进行得确实艰苦。从四川省厅到资阳市局、雁江分局，层层督促，各种会议开了一次又一次，200页一本的会议记录本用了五六本，字数几十万。加上参战民警各人做的笔记，如果全部收集起来，至少可以拉半个卡车。

至于消耗在案子中的人力、物力、财力，更是无法估量了。

然而，所有的艰辛，换来的却是渺茫与无奈。

时间过去将近一个月，2002年12月26日，陕西省公安厅及武警陕西总队组成的一个联合专案组来到资阳，给资阳侦破“12·1”案注入了一丝亮光。

所谓“亮光”，是因为陕西的一起枪杀武警战士的枪案，可能与资阳“12·1”案有某种联系。无论是陕西专案组，还是资阳警方，都希望能从中找到并、串案件线索，人们无不期盼眼前这破案的曙光。

那么，陕西警方带来的是怎样的一起案子呢？

为了资阳案情的需要，陕西警方用了整整两天时间，介绍了他们从发案到“迄今为止”侦破的全过程。为了资阳破案需要，这里便加以详细记述。

陕西警方带来的案子是这样的，2002年8月30日凌晨2时10分左右，驻守在宝（鸡）成（都）铁路××公里处的武警陕西省总队某支队三中队八班战士赵东，来到宝成铁路某隧道哨位换岗，却没见到执勤战士曹强，喊了几声也没有人答应。赵东使劲推哨所岗亭的门，门却从里边抵住，推不开。赵东以为曹强睡着了，而且睡得非常深沉，于是用力砸门，把门砸得山响，还是没能“惊醒”可能睡着了的曹强。

赵东心想，该不是曹强脱岗跑哪里去了吧？于是赵东赶紧回营房向班长李泽报告，说曹强不见了，不是逃跑了吧？李泽批评赵东“乱说”，还说曹强多半是睡着了，赵东说：“不会是睡着了，我都快把门砸烂了都没惊醒他。”

班长李泽感到事情有点儿严重，立即带领班上四名战士来到哨所，喊话无人回应，推岗亭的门却推不动，用电筒从岗亭窗口往里瞧，却发现战士曹强倒在岗亭里，身体刚好把门堵住，李泽见情况不妙，与战士拼力把门推开，发现曹强倒在血泊中，已经死亡。

据营区住户宗玉珍说，当日凌晨1时左右，她家养的狗在院内叫个不停。现场附近菌种养殖场工人李小凤说，凌晨1时左右她也听到营区的狗叫得很厉害。而住在附近秦岭山庄的员工邹文博则反映，他家的狗当天0点30分左右跑到公路桥头胡乱吠叫，停了约十分钟后又朝着桥头继续吠叫，第三次大约是1点05分，则跑到房后对着河沟叫，这条河沟向北通往公路，向南则通往哨位。

另据八班战士反映，这天凌晨1时许，班上的五名战士还在聊天，几乎都听到了一声枪响，大家以为是公路上的汽车爆胎了，就没在意。后来赵东去换岗，回来说曹强不见了，大家心里顿时感到情况不妙，赶紧跟着班长去哨位查看，这才发现曹强被打死了。

勘查，现场位于陕西省凤县黄牛铺境内宝成铁路××公里处秦岭某隧道南口西侧武警八班营地内。执勤岗亭为绿色铁质结构，高2.5米，四周上方均有瞭望窗口，除了门上窗户留有半截浅绿色玻璃外，其余窗口未安装玻璃。在东窗北侧角铁立柱上遗留一处20厘米×30厘米凹陷状痕迹，白色油漆脱落，露出锈斑，痕迹底部粘有微量黄色附着物（疑似弹着点）。移动尸体，从尸体身上落下一发变形的子弹头——分析认为，子弹头疑似穿出曹强头部后在岗亭壁上弹回，然后落在曹强尸体上。

现场搜索，在修建中的营房北端西侧4米处水沟草丛中发现“虎头”牌电筒一个，开关呈关闭状，性能完好，内装四川西昌猴王实业有限公司产“猴王”牌电池两节，电池上发现两枚指纹。岗亭东北侧3.5米处设有一砖块垒砌的犬舍，该犬舍南侧水泥柱上拴有一普通犬，犬舍西北侧有一条便道通向川陕公路。

尸体检验。死者着装整齐，衣扣完好，无搏斗挣扎迹象。死者头颅右侧颞部区有一子弹射入创口，创口周围可见密集灼伤痕迹，左侧颞部区有一子弹射出创口，形成颅脑贯通伤。

据推测：射击距离为40厘米左右，射击枪支为非制式枪。射击高度略低于死者1.66米的正常站立姿势。依据尸相推测，死亡时间约在8月30日凌晨1时。

尸检确认：本人不能形成自伤，死者生前是在无防备状态下，遭到他人持非制式枪支射击，子弹由死者头部右颞部射入，左颞部射出，形成颅脑贯通伤，造成严重颅脑组织损伤死亡，认定为他杀。

凶手劫走战士执勤用“81-1”型自动步枪一支（无子弹），枪号为××××5057。

案情分析：这是一起严重暴力犯罪案件，犯罪工具是一支能够发射制式子弹但却是非制式枪支，目的和动机是抢劫军用枪支，为继续实施更严重的暴力犯罪创造条件。

犯罪嫌疑人为青壮年男性，其心狠手辣，胆大妄为，应有犯罪前科，具备报复、抢劫、杀人等犯罪思想基础。

犯罪嫌疑人对现场环境和营区较熟悉或案发前“踩过点”。

综上所述，划定侦查方向为：以现场为中心辐射到宝鸡市、汉中市、凤县、太白县，重点为现场附近民工、住户、周边单位、出租房、餐馆、旅馆、商店、车站、场镇、村社及驻军内部。

重大案情引起公安部和武警总队高度重视，被列为公安部督办案件。陕西省公安厅和武警总队组成联合专案组，抽调1000余人次，不仅对现场周围8公里和铁路沿线30公里范围进行了搜索和设卡盘查，还对驻军近3年来1800多名退伍战士一一调查筛排，甚至抽调武警工化部队，对现场重点区域进行了金属探测。

调查反映，2001年5月3日21时10分，二中队一号哨位当班战士张鹏在巡逻中，突然听到岗楼背后有响动，他立即通知战士罗阳、罗洪呈包围状隐蔽搜索，即将接近响动点时，张鹏突然喊“站住，口令”，一个身份不明的人突然从哨楼背后的草丛中蹿出，拼命奔逃，战士们追赶却未能将其抓获。由此分析，“8·30”作案人可能由来已久，5月3日即是一次被发现了的踩点行动。

摸排重点枪支线索，收缴自制枪支186支，其中符合作案特征的枪10支。经公安部、铁道部公安局鉴定，收缴的枪支均非作案枪支，且电池上留下的指纹经与成都、绵阳、德阳、广元和西安、宝鸡、汉中、咸阳、天水69万份指纹比对，也无任何匹配。

至于重点嫌疑对象的排查，涉及的面非常宽广。有部队内部人员，有部队干部、战士亲属，有省内外其他部队相关人员，更多的则是社会嫌疑人员。

艰苦的排查却毫无收获。

四川四海公司“12·1”案发生的信息传到陕西“8·30”专案组，专案组基于“8·30”案抢枪为实施更大的暴力犯罪的认识，因而赶到资阳通报了“8·30”案，希望从“12·1”案找到一丝并、串案件的突破线索。

然而非常遗憾的是，“12·1”案的作案枪支，经鉴定有多种枪支的可能，抑或是“56”式冲锋枪，抑或是“56-1”式冲锋枪，抑或是“81”式或“81-1”式自动步枪，因此“81-1”式不是唯一作案枪支。

正是因为这个“小小的”遗憾，两案的专案组均未能把全部的着眼点放在“81-1”式枪支上，加之在侦破“12·1”案中不断缴获“56-1”式冲锋枪，不断抓获涉枪嫌疑人，因而在侦查方向上走了令人遗憾的许多弯路。

不过，就陕西“8·30”案反映的问题，资阳警方还是做了特别的努力，同样进行了艰苦的排查工作。其中与陕西有关联一个名叫陈关胜的人被列为重点嫌疑人。

经调查查明，陈关胜，1959年出生在四川南充市郊一个农民家庭，幼年随改嫁的母亲到新疆奎屯市农七师130团落户。成年后，陈关胜回到四川以养蜂为业，周游四川各地。1990年左右，陈关胜在四川简阳金玉乡放养蜜蜂，与有夫之妇张某认识，张某与丈夫离婚后即与陈关胜同居并生育一子。张某前夫气愤不过，找陈关胜理论，要求陈关胜补偿“夺妻”的青春损失费，二人大打出手，陈关胜害怕吃亏，带着张某远走高飞，于 1991 年来到宝鸡市太平庄租房暂住，后与人合伙在秦岭一带以挖药为生，对秦岭一带的自然环境相当熟悉。

1999 年 7 月，陈关胜与宝鸡县陵原乡金凤村的高东升一起外出卖熊掌，之后却独自返回宝鸡。高东升的家人问陈关胜关于高的去向，陈称高东升怀揣 8000 元现金去广东卖熊掌了。

高东升从此音信全无。高东升的家人怀疑高被陈害死了，不仅向当地派出所报了案，还经常到陈的住地找陈要人。

陈关胜受不了公安机关的不断传唤、调查和高家的纠缠，就与张某离开宝鸡，回到张某的老家——四川资阳雁江区老君镇高龙乡居住。

陈关胜好酒，经常喝得烂醉，喝醉了还胡言乱语，因而经常与岳父争吵，岳父实在看不惯，就把陈关胜夫妇赶出了家门。

2002 年 5 月，陈关胜与妻子张某将儿子扔给岳父，再次来到秦岭一带，仍以挖药为生。不久，陈关胜从岳父处将儿子接走，送到成都私立学校读书。

陈关胜长期漂泊，居无定所，而且经济也不宽裕，突然间却把儿子送成都私立学校读书，其经济来源反常。

同时，专案组在调查中还获悉，陈关胜多年前陪张某回娘家时，有人看见他持有一支长六七十厘米的枪，并且该枪可以打制式子弹。

由此专案组怀疑，陈关胜经济反常，手中有枪，长期在秦岭山中采药，熟悉宝成铁路沿线的地形环境。同时，在与其妻张某回老君镇居住的两年时间里，曾多次到四海公司卖猪，也可能熟悉四海公司发放猪款的情况。

结合陈关胜被高东升家人怀疑高被陈谋财害命的情况，陈有可能胆大妄为，不仅谋害了高东升，还枪杀了武警战士，之后便携带抢来的制式步枪，在四海公司犯下了惊天枪案。

带着这一令人兴奋的“推测”，专案组通过多方面工作，获得了陈关胜的手机号码，随即巧妙联系，找到了陈关胜的落脚点，传唤后经甄别，专案组先前的热烈期望顿然化为泡影。

原来，陈关胜不足1.60米，而且极其瘦小，根本不符合“12・1”案目击者看见的作案人的特征。同时经查证，“12・1”案发期间，陈关胜正在东北卖药。到陈关胜卖药的地方查证，其确实以自己的身份证在该地旅馆登记住宿。因其住宿时间较长，旅馆服务员都对其比较熟悉。经辨认，在该旅馆住宿的确实是陈关胜。同时，陈关胜所持购药相关票据与住宿时间也很吻合，加之有关单位也证明其在该地卖药。而东北离资阳十分遥远，不可能当日回到资阳作案后再于当日返回。

另外，陈关胜承认，多年前养蜂时确实购买了一支可以发射制式子弹的自制长枪，后来公安机关搜缴枪支时主动交出了。对此，陈关胜还出示了枪支被搜缴后公安机关办理的不予处罚的相关法律裁定。

由此，经过几个月艰苦调查，本以为“如获至宝”的线索，就这样彻底地成了泡影。

六　以案找人

为了有助于“以案找人”，专案组把案发当时几名目击证人请到成都，配合公安机关做了模拟画像。由于案发时正是黎明前天光暗淡时分，且四川冬日的早晨往往大雾朦胧，以致模拟出来的画像几个目击证人都拿不准到底像不像。办案人员拿着这样的模拟画像，也是心里直打鼓，害怕弄出问题不好收场。

在侦破案件过程中，民警付出了难以想象的努力，消耗了极为可贵的心血，但很多东西却不能写进文章中，有的是不便写进来，有的是没有必要写进来，也有的是“渣渣草草”，要写进来就太啰唆了。

如前文所述，关系到四海公司内部不少人员的调查，关系到真人真姓的许多线索，只能一一隐去，略去不述。行文到此，“12・1”案还是一个谜。

在“以人找人、以物找人”毫无收获的情况下，专案组投入大量人力、物力，侧重以案找人。

而以案找人的方法则是，公开与秘密相结合，不仅动员社会力量，也对在押人员展开动员，鼓励在押人员积极检举揭发，从而获取有效线索。

由此，各种各样的线索源源而来，可谓五花八门。不少线索大白于天下后，要么令人哭笑不得，要么令人唏嘘不已。

为了有助于“以案找人”，专案组把案发当时几名目击证人请到成都，配合公安机关做了模拟画像。由于案发时正是黎明前天光暗淡时分，且四川冬日的早晨往往大雾朦胧，以致模拟出来的画像几个目击证人都拿不准到底像不像。办案人员拿着这样的模拟画像，也是心里直打鼓，害怕弄出问题不好收场。

在叙述以案找人的时候，得讲讲这样一个情况，那就是从赌博人员中发现蛛丝马迹。

资阳离成都很近，曾经一个时期赌博十分猖狂。不少成都赌徒，因为有成（都）渝（重庆）高速公路，车技好的话两个多小时就能跑来回，因而经常到资阳进行赌博。资阳与成都警方多次联合行动，打击赌博犯罪行为。

曾经有一次，赌徒们在沱江边上的“江州号”（用水泥铸造的一艘仿真轮船）上聚赌，警方突袭时，赌徒们从窗口扔出的赌资就有上百万元。用四川方言说，“酬和”（白给好处）了那些在周围谈情说爱的男男女女捡了好大的“相因”（捡便宜），据说有的人捡了几十万元，一夜就成了暴发户。

此外，从警方现场扣押的车辆看，二十几万元的车辆算是最低档的，赌徒们开的大都是五六十万元甚至上百万元的车子，赌资不够时，往往用车子抵押，几十万上百万的车子也毫不心痛。赌得最大的，据说有个老板，一晚上就输掉了一家价值上千万元的商务宾馆。

仅此说明，赌徒们赌得很大很大。据说，资阳那个老板，一夜之间把价值上千万元的宾馆输了之后，还要继续赌，没钱了就借，最终负债累累，被债主追得走投无路，抑郁而终。赌徒中，因负债而家破人亡的有，因负债铤而走险的更是大有人在。

对此，“12·1”案发生后，专案组成立了一个专门小组，调查赌博人员各方面情况，甚至采取“打进去”的手段，深入赌博团伙，从136名赌徒中重点摸出了10余人。

黄泉，资阳市雁江区伍隍镇人。在成都做服装生意发了财，痴迷赌博，后来便经常在资阳、简阳、乐至、资中、伍隍等地赌博。2002年6月，黄泉从资阳租了六辆桑塔纳，约了一帮弟兄到乐至赌博，谁知输得一塌糊涂，欠下20多万元赌资，租去的六辆桑塔纳全部被扣押。黄泉躲债潜逃，车主们自己拿钱把车赎回，黄泉为此又欠下80多万元。

调查中发现，“12·1”案发之后，黄泉已回到成都，经济已经好转，其经济来源很反常。

经查，黄泉经济状况缓和，主要是有哥们儿替他偿还了赌债和租车产生的其他费用，“12·1”案发时，其正在澳门找赌友哥们儿资助，排除其因欠赌债铤而走险的可能。

刘源，35岁，在资阳办有实业，但因好赌不仅输掉了自己的实业，还欠下300多万元赌债。此人“12·1”案发时正在外地躲债，无作案时间。

吴剑，号称“资阳赌王”，主要在澳门赌博。在资阳赌博时很少失手，手边有两个弟兄，也是赌博高手。据说其中一个弟兄，自从入道还从未输过。“12·1”案发期间，据说吴剑在澳门赌输1000多万元，欠赌债600多万元。其因欠债巨大，有可能铤而走险。

对此专案组展开侦查，查明吴剑于“12·1”案发期间，仍在澳门赌博，其间还多次联系资阳的弟兄们给他汇钱到澳门。与他同在澳门的还有他的两个弟兄。由此证明吴剑及其弟兄均无“12·1”案作案时间。

总之，经过仔细排查，所列赌博人员的嫌疑均被一一排除。

与此同时，围绕“以案找人”的工作，专案组在在押人员中寻找线索，鼓励在押人员大胆检举揭发，从而获得了各种各样的线索。

雁江区因盗窃入狱的在押人员陈勇检举：伍隍镇某村的郑勇、郑军兄弟，长期在资阳西门一带实施抢劫、扒窃，二人还曾邀约陈勇一起去抢。陈勇说，郑勇、郑军近期在老家修建了十多万元的住房。陈勇还说，郑勇、郑军抢劫时可能使用了枪支等。

经详细调查查明：郑勇、郑军在资阳打工，与陈勇因债务纠纷曾发生斗殴，陈勇吃了亏，为了报复，编造了二郑抢劫、扒窃的谎言，二郑的嫌疑被排除。

因抢劫而被刑拘的丹山镇在押人员余军检举说，他入狱前在四三一厂某羊肉汤馆吃饭时，对老板李某说，现在找钱太难了。李某则说，有啥子好难，你不晓得哦，四海公司那个小娃儿，伙起两个外地人抢了四海公司几十万元，现在操得蛮是坤（很阔气），经常带起弟兄伙在这里吃羊肉汤尽是他开关（埋单付款）。

对此，专案人员找到羊肉汤馆老板李某调查线索来源。李老板说，有一天，几个年轻人来羊肉汤馆吃饭，他听到几个人在议论，四海公司那个抢劫案子是内外勾结干的，所以余军来吃羊肉时说起找钱不容易，我就开玩笑说叫他去抢，并把听来的四海公司被抢的情节添油加醋渲染了一番。

专案人员经反复核查，证明李某、余军反映的线索没有价值，只好排除。

简阳市看守所因抢劫被刑拘的在押人员付波检举说，他在成都龙泉驿帮人看守赌场时，听一个朋友说，四海公司那个枪案是一个叫水泉的人干的，同伙还有内江的“苹果”、资阳的“枸杞”。

专案民警找到付波的朋友，查明水泉名叫刘水泉，雁江人，其长期混迹于成都赌场，而“苹果”“枸杞”二人，则在“12·1”案之前就因其他案件被惩处而死亡，根本不可能“死而复生”伙同水泉一起抢劫。此线索也被排除。

因抢劫被刑拘的资中人王永辉检举说，他和一个叫黄癞子的哥们儿在“12·1”案发现场亲眼看见了案子的全过程，愿意协助警方工作。

专案民警找到黄癞子查证，其根本没有去过四海公司案发现场地，也没有与王永辉有太多来往。“12·1”案发期间，黄在外地打工，没有作案时间。

后经反复询问王永辉，王承认，他编了谎话，目的是想，如果有机会出去协助公安查证什么的，就找机会逃跑。王的如意算盘打得十分可笑，但却令办案民警忙乎了好几天。

诸如此类的检举揭发，罗列起来不下100件，件件核实，无一有价值。办案民警却为此付出了难以述说的艰辛。

在押人员的检举揭发没有收获，社会线索又如何呢?

雁江区雁江镇上西街某物业公司保安张祥检举说，“12·1”案是丹山镇的“长白”和蒋志干的。张祥说，这个情况是他听老乡黄兴和黎民讲的。专案民警找到黄兴、黎民。黎民说，这是他分析估计出来的。他说，他的亲戚“黄羊子”被杀，公安把“长白”列为重点嫌疑，但却长时间没有抓住“长白”。“12·1”案发生后，黎民“别出心裁”，居然把“长白”想象成“12·1”案的抢劫犯。

原来，“12·1”案发生前，丹山镇一个姓黄的村民在贩卖羊的过程中被人谋杀，警方确定了外号“长白”的人有重大作案嫌疑并告示通缉。“黄羊子”是黎民的亲戚，黄羊子被害，警方虽然通告通缉“长白”，但黎民却认为警方“光打雷不下雨”，有通告却没行动，因此他便自我杜撰“12·1”案是“长白”干的，因为“12·1”案重大，警察会花大力气抓人，抓到了“长白”，亲戚“黄羊子”的在天之灵就能得到安息。

之后，警方抓获“长白”查证，“长白”除临时起意杀害村民“黄羊子”外，并无其他案底，与“12·1”案没有丝毫关联。

与此同时，一名在押人员黄龙检举“12·1”案是前边提到过的蒋志等人干的。警方联系到张祥也检举了蒋志，黄龙还说蒋志有枪。于是警方加紧动作，从蒋志的关系人高峻、李星处查到了蒋志的信息，经甄别，排除了蒋志持有枪支和作案嫌疑。不过在侦查过程中却掌握了李星的诸多犯罪事实，李星被依法刑拘。

除了大量收集检举线索，一一甄别排除外，专案组还从现行案件中寻找各种蛛丝马迹，期望从中获取有价值的线索。

2003年2月8日，资阳火车站派出所抓获犯罪嫌疑人陈某彬（22岁，雁江区雁江镇人），从其身上搜出步、机枪子弹23发，管制刀具一把。经鉴定，这些子弹的弹底标志与“12·1”案现场遗留子弹壳弹底标志不一致。

经审讯，陈某彬供述，其想发财，从外地购回这些子弹，准备找人推销好发点儿“子弹财”。经仔细调查核实，陈某彬无作案时间，排除与“12·1”案有牵连。

2003年2月，专案组抓获犯罪嫌疑人李银、曾斌等4人，破获曾斌等伙同多人持仿“54”式手枪在双流等地抢劫茶楼6起及在资阳等地盗抢案件30余件，但却未能获取与“12·1”案相关的线索。

同年 3 月 7 日，专案组在资阳望江宾馆抓获吴某、蒋某等赌博人员 10 人，从吴某身上搜出仿“54”式手枪一支及仿“64”式子弹 4 发。经调查，排除吴某直接参与“12·1”案的可能。

在侦查过程中，专案组获悉，一个叫史俊的中年女子，与丈夫离婚后长期独居，其社会关系却十分复杂。“12·1”案发生后的第二天即 12 月 2 日，史俊突然离家出走，去向不明。专案组围绕史俊的社会关系，查获史俊与徐明、黄胜曾经密谋抢劫四海公司。

调查查明，徐明，1957 年生，曾在云南当兵，转业后曾在某银行从事经济警察工作。2001 年因吸毒和介绍毒贩贩毒（该毒贩抓获后已被枪决），被开除公职，后长期与吸毒人员黄胜打得火热。

黄胜，某厂职工，长期吸毒。

传唤黄胜、徐明。二人交代，2002 年 7 月至 11 月，史俊连续三次把黄胜叫到云天茶楼，说是没钱用，要黄胜设法弄枪，然后实施抢劫，而且要抢就抢有钱的大老板，以谈业务的方式接触大老板比较容易。

最初商议，重庆有钱的老板很多，决定由黄胜以谈业务去重庆接触老板。接触上老板以后，则邀约重庆老板赌钱时实施绑架抢劫。但因黄胜一直没有搞到枪和物色到老板，抢劫未能实施。

不久，史俊从姐妹盛某口中得知，四海公司每天资金流转很大，叫徐明把黄胜叫来一起商议如何搞四海公司的钱。“12·1”案发前不久，史俊叫徐明通知黄胜到茶楼商议，黄胜因在成都，表示过几天回资阳再谈。

随即 12 月 1 日抢劫案件发生，徐明、黄胜尚在成都不知道发生了抢劫案。后查证，徐、黄和史俊虽有预谋，但均未实施作案，其嫌疑被排除。

像史俊一样企图抢劫四海公司的远不止史俊之流，专案组在调查中还获悉很多起类似情况，其中一起则很有价值。

2003年，一个在乡村专门收购生猪送四海公司的猪贩子罗阳，与同是收购生猪的朋友杨奇，在乐至县因打架致人受伤被乐至公安局刑事拘留。二人为了立功，分别检举了一个叫付焱的大邑县人多次密谋抢劫四海公司的重大情况。

审讯杨奇，他交代说，2002年7月左右，他送一车玉米到成都大邑县贩卖，买家嫌玉米质量不好，高低不要。杨奇说了很多好话，希望买家买了，买家坚决不要。玉米卖不出去，拉回去不仅平白花费路费、车油费，而且拉回去同样不好出售，急得没法时，一个叫付焱的人出于好心，就给杨奇介绍了另一个买主，卖掉玉米赚了钱，杨奇非常感激付焱，相互留了电话，希望付焱到资阳来耍。

过了不久，付焱打电话给杨奇，说他开的歌厅栽了，心情不好，想到资阳散散心。杨奇想到在艰难的时候是付焱帮了自己，表示欢迎付焱到资阳来。

过了几天，付焱开了一辆奥拓车来到资阳，杨奇热情接待了他。

在资阳，付焱问了一些资阳都有哪些大老板有钱，杨奇说不出几个大老板，只说四海公司的老板有钱。付焱就问了一些四海公司的情况，杨奇说他也不是十分清楚，但他有个朋友叫罗阳，长期为四海公司收购生猪，比较了解四海公司老板。付焱就让杨奇把罗阳叫到一起吃了饭，付焱说他也想做贩猪的生意，因而问了一些四海公司的情况。第二天付焱就回去了。

过了没多久，杨奇又接到付焱的电话，说没钱用了，要杨奇提供几个老板的情况。杨奇问干什么，付焱说干什么你不用管，你只管提供情况，搞到钱了，一人一半。杨奇说，他确实不知道哪些老板有钱。付焱说，那就把四海公司的老板介绍他认识就行。杨奇说，他不认识四海公司老板，还是只有罗阳知道。付焱就叫杨奇给罗阳说说，叫罗阳以介绍贩卖生猪为名，带付焱去见四海公司老板。

杨奇把付焱的意思告诉了罗阳，罗阳不同意。罗阳说，他收购生猪卖给四海公司，几年来靠四海公司发了财，家里日子过得不错，他不干对不起四海公司的事情。

杨奇把罗阳不愿干的意思告诉了付焱，付焱打电话对罗阳说，听说你（指罗阳）在云南组织收生猪，什么时候云南老板过来了，就告诉一声。罗阳问干什么。付焱说，听说云南老板一次要拉几十头猪过来，每次卖了也有几万元，你害怕弄当地老板，那就弄外地老板嘛。

罗阳心想，组织外地猪源是他费了很多心血的事情，老板一旦被抢，肯定就不会再来了，以后的生意就做不成了；再说，一旦案子暴露了，自己肯定也脱不了干系。因此，罗阳坚决不同意。

2002 年 11 月底，罗阳在乐至因经济纠纷与人发生矛盾，打电话叫杨奇找几个人去乐至帮忙。杨奇就想到了大邑县的付焱，于是打电话叫付焱从成都请几个朋友到资阳帮忙。付焱趁机说，帮忙可以，但要罗阳提供几个老板的情况，杨奇说："现在先不要求他提供人员，等你们来了帮了他的忙再说。"

11 月 30 日，付焱从成都约了两个朋友，租了一辆桑塔纳轿车来到资阳，打电话问杨奇在哪里，杨奇说在乐至，因为罗阳的事情已经处理好了，叫付焱不要再去乐至，在资阳等候就行。

傍晚，杨奇回到资阳，把付焱三人安排在资阳市区和平路的一家旅馆住下，杨奇打电话叫罗阳一起吃饭，罗阳说在外边收猪，晚点儿才回。

晚上 8 点多钟，罗阳收猪回来，把装猪的车子停到停车场，赶到旅馆，与杨奇一道陪付焱他们去西门一家羊肉汤馆吃了羊肉。吃饭过程中说起罗阳在乐至的事情，付焱说，他可以帮罗阳把乐至的事情摆平，但罗阳得带付焱去认识四海公司老板。付焱说，见了老板，就说付焱是遂宁那边的猪贩子，介绍与四海公司老板认识，好做猪生意。

罗阳说，付焱的目的他十分清楚，他不同意那样做，因为一旦被抓，就是砍脑壳的事，他不愿意干。再说，乐至的事情他已经摆平了，就不麻烦付焱了。

付焱说，既然这样，兄弟们都来了，车油费总得给点儿嘛。罗阳问要多少，付焱说给 5000 元，罗阳说太多，杨奇说，大家都是好弟兄，给 500 元就行了。罗阳就给了付焱 500 元。之后，罗阳说自己太累，明天还要起早出车，大约深夜十二点，几个人回到旅馆，罗阳就率先躺下睡觉了。

传唤罗阳，他说，他睡觉时，付焱他们还在打牌，因为他太疲倦，一下子就睡到第二天凌晨 4 点多钟，醒来就急急忙忙到停车场，开起车子就到四海公司送猪去了。至于付焱他们，因为自己太疲倦，睡得很沉，他们打牌到什么时候，中途干了什么，就一概不知了。

罗阳说，他把猪拉到四海公司不久，就发生了抢劫案。他当时就怀疑是付焱他们干的。他还打电话给杨奇，说四海公司遭抢了，警察都来了，叫杨奇快来看热闹。没多久，罗阳就在四海公司门口看见了杨奇，于是悄悄问杨奇，这个事情是不是付焱他们干的。杨奇说，不要乱说，这么大的事，不得了。罗阳说，那你问付焱他们在哪里。杨奇就给付焱打电话，问他们在哪里。付焱说，他们已经走了，去重庆了。

无疑这又是一个极其重大的线索。专案组隐隐觉得，杨奇、罗阳的说法基本一致，付淼等人到资阳，极有可能铤而走险，作案后迅速逃离。

付淼等人有重大嫌疑。

专案组立即奔赴大邑县开展工作，获知付淼与曾经一起到资阳的唐平到十堰打工去了，而另一个曾到资阳的张万则在成都打工。专案组先在成都将张万抓获，通过张万查知付淼、唐平的信息，专案组民警随即赶到湖北十堰，一举又将付淼、唐平抓获。

经审理，付淼等人交代，他们确实有过想在资阳抢劫四海公司的想法，但是因为罗阳一直不愿意帮忙，就没有干成。12 月 1 日那天早上，他们睡得正香，罗阳打电话说四海公司遭抢了，还死了人，叫杨奇去看热闹。杨奇把这个事情一说，付淼他们感到事情很严重，他们是外地人，肯定要遭“理抹”（方言要被询问），为免遭麻烦，付淼他们赶紧驾车离开资阳，准备回成都。到了高速路收费站，想到没钱用，就说去重庆搞点儿钱，然后就往重庆方向去。车子到了隆昌就下了高速。为了摆脱在资阳的“干系”，付淼交代，他们到了隆昌实施诈骗，骗得一个七八十岁的老太太现金 8000 元。

对此，专案组赶去隆昌调查，查明 12 月 1 日上午 10 时许，一个 82 岁的太婆确实被骗 8000 元，当天到派出所报了案，派出所有报案记录。随即经照片辨认，老太太认出了实施诈骗的就是付淼等人。

经进一步甄别，付淼等人被排除“12・1”案的嫌疑，但却以诈骗罪移交隆昌警方处理。

赴隆昌、奔成都、去十堰，案件的最终结果没有明朗之前，专案民警总是怀着十足的期望，期望案子就此破解。然而千辛万苦过后却是毫无收获（即便为兄弟单位破获了诈骗案件），那种“无功作罢”的沮丧，真是难以用语言表达。

背后一枪

在日常工作中，有很多人并不理解公安民警这种沮丧。有人总把案子久侦不破说成办案子的人无能。其实，落到他自己手里，未必就是“有能”。不实际接触办案，不知道办案的难处。公安民警许许多多的时间和精力都花在了“无功而终”的“空忙”之中，这种“空忙”却是不为人所理解的。

在“抓现行”和甄别各种各样的嫌疑人员过程中，除了采取一般侦查手段外，还采取了多种特殊手段，如采取专家测谎、采取多种卧底方式，以及采取悬赏方式获取线索等，一经获得线索，不惜千里奔袭，前往查证、甄别。

专案民警先后到过云南、广东（广州）、贵州、西藏、陕西等省（市、自治区），四川境内各地市州就无法一一细述了。只要一有线索，马上就去甄别核实，绝不放过任何可疑线索。

然而，这一切努力，除了侦查中“附带”破获其他若干案件、缴获若干型号枪支外，关于“12·1”案的线索始终毫无头绪。正是因为这样的状况，每次集中研究案情，与会人员总是心情沉重，总觉得愧对社会，愧对民众。

七　以枪找人

到资中看守所提审王晨，王供称，他确实多次看见李兵拿出步枪、机枪的子弹炫耀，但是李兵有没有枪他不清楚。联想到周强曾使用过李兵持有的枪支，王晨又说看见李兵有子弹，那么李兵持有枪支和子弹的可能性极大。专案组经与资中警方联合行动，研究了抓捕方案，于12月30日将李兵抓获，从其家中搜出“64”式手枪子弹9发、手铐一副。

按照专案侦破方向，“以物找人、以人找人、以案找人”均以无功而终，那么“以枪找人”的结果又是如何呢？

现在就把笔触延伸到“以枪找人”的专案中，看看“以枪找人”会有什么收获。

2002年12月17日，也就是“12・1”案发生半个月后，专案组获悉资中县太平镇的李兵持有一支冲锋枪，一个叫周强的人还使用过这支枪。专案组民警三次到资中抓捕李兵未果，后了解到李兵的知情人王晨因抢劫已被资中看守所刑拘。

到资中看守所提审王晨，王供称，他确实多次看见李兵拿出步枪、机枪的子弹炫耀，但是李兵有没有枪他不清楚。联想到周强曾使用过李兵持有的枪支，王晨又说看见李兵有子弹，那么李兵持有枪支和子弹的可能性极大。专案组经与资中警方联合行动，研究了抓捕方案，于12月30日将李兵抓获，从其家中搜出“64”式手枪子弹9发、手铐一副。

审查查明，李兵因混迹于内江黑道人员中，为给自己壮胆，购买了若干“64”式手枪子弹，对人炫耀时还送过朋友。经甄别，其实李兵没有冲锋枪。其被抓获后，仅以其他案件和非法持有手枪子弹移交资中警方处理。

2003年4月，专案组从资阳相邻的仁寿县公安局获悉，仁寿抓捕了一个涉黑团伙，其绑架犯罪过程中，被绑架的受害人看到有人提了一支微型冲锋枪。专案民警到仁寿复印了该团伙案卷，仔细解读，发现卷宗里除受害人提到有人提着冲锋枪之外，办案机关所有案卷材料却没有相关微型冲锋枪的记录。

后来，经直接接触受害人，反复询问，受害人坦陈，其在遭绑架后，为了加重绑匪的罪责，就说绑匪有微型冲锋枪。其实并没看见绑匪有枪，该情况令办案民警哭笑不得。

2003年5月23日，专案组根据可靠情报，获知资中县银山镇的张云（外号“张跛子”）曾经购买了一支冲锋枪的线索，专案民警赶赴资中银山镇，将张云一举抓获，从其家中搜出“56-1”式冲锋枪一支（枪号已锉掉），弹夹2个，步、机枪子弹46发（弹底标志“79-821”）。另缴获霰弹猎枪一支，猎枪子弹3发。据张跛子交代，因其承包鱼塘，经常有人偷鱼滋事，自己身有残疾，往往追赶困难，就买了猎枪，后来又买了支冲锋枪，目的是防止别人盗鱼侵扰。

经四川省公安厅枪弹痕迹鉴定，张跛子所购“56-1”式冲锋枪是一支制式枪，将该枪射击弹头与“12·1”案现场弹头鉴定比对，否定了使用该枪作案的可能，排除张跛子作案嫌疑，对其非法持有枪支另案处理。

专案组继续追踪，抓获卖枪给张跛子的成都人“陈二哥”。据陈二哥交代，他花3万元从一个叫扎西的藏族人手中购买，之后就转卖给了张跛子。

从陈二哥贩卖枪支的情况，专案组又获悉，西藏拉萨市曾发生过一起枪杀案，拉萨警方抓获犯罪嫌疑人7人，其中大部分成员为四川人。专案组立即赶赴拉萨，了解了案件的详细情况。

2002年9月，四川资中人李大中与安岳人王波在成都石羊场一茶楼与人斗殴，王波持仿“64”式手枪、李大中则持火钩打死一人后，潜逃西藏拉萨，投奔拉萨开赌场的遂宁人陆宏。

2003年6月，陆宏与同是开赌场的吴某因生意竞争，陆宏叫王波设法把吴某“废了”。王波与上海人洪劼赶到成都，在红牌楼一茶楼老板蒋中（原籍遂宁）处取了一支枪带到拉萨。陆宏指使王波教会了安岳人邓庆、自贡人吴兵、李科打枪，并进行了实弹射击演练。

7月3日晚，经过踩点和密谋，陆宏指使四川安岳人王波、邓庆，自贡人罗建、吴兵、李科及内江人周某、蒋某等，窜到拉萨市西郊安居苑开枪将吴某打死。拉萨警方连夜展开行动，于7月4日抓获作案成员7人。

资阳警方就拉萨“7·3”案涉枪问题，深挖王波。王波交代，当时他和洪劼赶到成都找到蒋中，蒋中手上并没有枪，于是蒋中联系到李大中，叫李大中搞枪。李大中本是王波哥们儿，之前在石羊场杀了人，然后二人逃到拉萨投奔陆宏，后来因为与陆宏处不好，李大中又回到了成都。这次王波回成都搞枪，李大中念王波兄弟旧情，就在成都茶店子附近找到朋友搞到一支仿“64”式手枪，以4000元的价格卖给了王波，王波回拉萨制造了“7·3”枪杀案。

鉴于李大中贩卖枪支的情况，资阳警方回到成都，与成都市公安局联合行动，伺机抓捕李大中。2003年10月20日左右，资阳市公安局刑侦支队一名刑警在成都办案时，获悉李大中在茶店子一带活动，在来不及请求增援的情况下，独自“冒险”，一举将李大中抓获。

经审理，李大中交代，其2003年1月从拉萨回到成都后，先后贩卖冲锋枪4支、仿“64”式手枪13支。

根据李大中的交代，四川省公安厅组织警力立即采取追缉行动，很快缴获“81-1”式冲锋枪1支、仿“64”式手枪11支（数月后，陆续缴获了其他枪支）。经检验，该批枪弹弹痕与“12·1”案弹痕不相符，排除其实施“12·1”案的可能性。

接下来这起案子就颇具戏剧性了。

2003年2月的一天夜晚，一辆丰田佳美川KXX496轿车在简阳北门平交道口发生车祸，驾驶员尹林和同车人李侠军受伤昏迷，另有两人弃车而去。交警把伤者送到医院抢救时，却从尹林身上搜出一把子弹上膛的仿“54”式手枪。案情引起“12·1”专案组高度重视，对李侠军、尹林采取特殊看管，经全力抢救，二人均脱离生命危险。

随即对二人展开审讯，竟然揭开两起惊天大案。

1999年，雁江区大东街发生一起持猎枪杀人案，尹林承认这起杀人案是他干的；而李侠军则是2000年2月泸州医学院门前持枪杀死两人的重大嫌疑人，被列为四川省A级督捕逃犯。

不过李侠军最初并没那么老实。最初，李侠军并没主动交代泸州持枪杀人的案件，而是避重就轻、东拉西扯，专案组始终围绕李侠军枪支来源进行审查，李侠军忽而说是借的，忽而说是买的，当问其与“12・1”案有无牵连时，李侠军为了开脱自己，表示愿意给警方提供线索，并说一个叫杨建华的绵竹人曾经到资阳踩点，准备抢劫四海公司。

看来“有戏”。专案组立即赶赴绵竹，抓获了杨建华。

杨建华，1969 年 8 月生，绵竹市土门镇五齐村人。1997 年因盗窃、故意伤害罪被判处有期徒刑 5 年，投入德阳监狱劳动改造，2001 年 7 月刑满释放。

讯问杨建华时，其一再否认刑满释放后再犯罪。专案民警从杨建华释放后的社会活动、人员交往入手，甚至采用测谎手段，均未获取与“12・1”案有关的线索。专案民警不断变换审讯策略，杨建华终于交代了与资阳的李侠军交往的过程。

据杨建华交代，其刑满释放后不久，原来的狱友黄波邀他到资阳耍，他借了朋友一辆面包车来到资阳耍了两天，结识了李侠军。李侠军自称是成都人，在龙泉驿做生意。后来，李侠军到绵竹耍，杨建华接待他时用山里的野鸡来招待。李侠军得知山里可以打野鸡，就说准备带枪进山打猎。

2002 年 2 月，李侠军与尹林驾一辆面包车又去绵竹。李侠军对杨建华介绍说，尹林是部队的连长，这次带枪出来打猎。杨建华就带领他们到什邡市红白镇青牛沱，没成想到达后下起雨来。杨建华说，下雨野鸡都藏起来了，不好打。李侠军说，既然来了，无论如何得过过枪瘾。

于是，李侠军从车上拿出一支长枪，每人打了几发子弹。杨建华说，他感觉那支枪是武警部队的冲锋枪。问他怎么辨别是武警部队的冲锋枪，他说他在监狱服刑时看见武警哨兵背的就是那种枪。

李侠军持有冲锋枪？这无疑是一条极其重大的线索。

重新审理李侠军，他一口咬定，枪是尹林的。

审问尹林，尹林承认，1999 年在大东街杀人后，总怕报复，就不断地搞枪，去绵竹打猎时，曾经带去 4 支枪：一支冲锋枪、一支滑膛枪、一支仿“54”式手枪，还有一支仿“64”式手枪。绵竹打猎时，仿“64”式手枪撞针不太好，就送给杨建华了。而冲锋枪则卖给内江的刘彬等人了。

为了查实李侠军、尹林、杨建华等人在绵竹所打枪弹是否与“12·1”案枪弹有关联，专案组联系成都军区某工兵部队，驾驶挖掘机，前往什邡市红白镇青牛沱李侠军等人射击的地方，用挖掘机掘地三尺，使用探雷器仔细探测搜索，寻找到若干子弹弹头和弹壳，经鉴定，与“12·1”案遗留的子弹不是同一批次，这些弹头也与“12·1”案使用枪支痕迹不相符，故排除尹林所持冲锋枪作案的可能。

同时，排除了李侠军、尹林、杨建华与“12·1”案有牵连的嫌疑，杨建华因非法持有枪支另案处理。尹林则因 1999 年资阳大东街杀人案后来被判处死缓。

值得一提的是，随着审讯的深入，专案组攻破了李侠军的心理防线，其供述了 2000 年 2 月在泸州医学院门前参与斗殴开枪打死两人的犯罪事实。李侠军随即移交泸州警方处理。当问及李侠军在泸州开枪打死人以后，枪支从何而来，李侠军交代，在泸州打死人以后，就把枪卖给了内江市的邱明、刘彬等人。

尹林、李侠军都把枪卖给了内江的刘彬等人，刘彬是干什么的？他们拿到枪干了些什么？专案组决定不惜一切代价，一定要找到刘彬等人！

专案组组织精干警力，去内江，到成都，经过两个多月的艰苦努力，5 月 6 日终于在成都青龙场将开赌场的刘彬、邱明一举抓获。随即，一个被四川省公安厅和公安部列为挂牌督办的特大犯罪团伙土崩瓦解，团伙成员 27 人被抓获。

刘彬，30 岁。内江市东兴区双才镇人。1999—2003 年，刘彬网络纠集几十名劳释人员和社会闲杂人员，组成了一个庞大的黑社会性质组织，在成都、重庆、内江、资阳等地疯狂作案，其罪行可谓罄竹难书。

组织、领导、参加黑社会性质组织：

1999—2003 年，刘彬、廖志国以成都青龙场等地为据点，非法聚赌敛财，并组织、领导被告人曾天君、艾松桃、聂贵华等人在成渝及内江等地区有组织进行故意杀人、抢劫、绑架、故意伤害、非法买卖枪支、贩卖毒品、敲诈勒索、赌博等违法犯罪活动，在成都及周边地区称霸一方，为非作歹。

故意杀人：

2002 年 7 月 18 日，廖志国、艾松桃等人在成都市成华区万年场联合 4 组，找到与艾松桃有矛盾的曾功华进行报复，廖志国持单刃猎刀在曾功华前胸和腹部刺杀 4 刀、艾松桃持单刃猎刀在曾功华背部刺杀 2 刀，致曾功华当场死亡。

抢劫：

2000 年 12 月底，刘彬、廖志国、曾天君、冯敬刚、邱明、罗卫东经预谋、踩点、准备作案工具后，于 2001 年 1 月 14 日凌晨，按事先预谋分工，由邱明开车送刘彬、廖志国、曾天君、冯敬刚到内江市市中区史家镇兴发肉联厂，刘彬、廖志国、曾天君、冯敬刚蒙面后持枪冲进兴发肉联厂财务室，廖志国开枪将该厂出纳刘旭彬打伤，逼迫其交出保险柜钥匙后，刘彬、廖志国、曾天君、冯敬刚抢走保险柜内人民币 27 万元。

2000 年 8 月 15 日 11 时许，张居飞、杨全付、徐安江、谢聪持枪窜至自贡市贡井区长土镇张家山锦乡山庄卡拉 OK 厅，将该 OK 厅老板邹洪挟持到内江市东兴区碑南乡的公路边，抢得现金 2000 余元及价值两万多元的手机、金项链、金戒指等物。

绑架：

2000 年 12 月 1 日 18 时许，刘彬、廖志国、龚渝、胡远才应陈晓勇、曾仕田邀约，持枪在重庆市巴南区云篆山宾馆停车场绑架重庆市庆丰实业公司董事长易某某（重庆市政协委员），由于易某某反抗，绑架未果。

2000 年 12 月 26 日晚，刘彬、曾天君、聂贵华应陈晓勇、曾仕田邀约，在重庆市江北区小天鹅宾馆，持枪将某建筑公司经理熊某某绑架至江北区新城装饰材料市场空门面里关押，时间长达 72 小时，索要赎金 50 万元。

故意伤害：

1999 年 6 月 7 日，刘彬、张良在内江市市中区晏家湾钢材市场内随地小便，市民钟某某出面制止，刘彬、张良拿出随身携带的刀将钟某某刺伤后逃离现场。经法医鉴定，钟某某的伤系重伤。

非法买卖枪支、弹药：

2002 年 4 月左右，邱明通过他人的介绍，在成都万年场曹某某的租房内，以 28000 元的价格从曹某某处购得“56”式冲锋枪一支、子弹 20 余发。此外，刘彬等自 2000 年以来，先后多次非法买卖仿“54”式、仿“64”式手枪多支。

2003 年 2 月，邱明通过张某某介绍，在成都新通惠大酒店以 7000 元的价格从“廖五儿”处买得仿“64”式手枪一支、子弹 3 发。

非法持有枪支、弹药：

2003年3月，刘彬从“兵蛋”手中购买仿“64”式手枪一支、子弹3发，仿“54”式手枪一支，存放于陈某某家中。同年5月，陈某某主动将两支枪交到公安机关，并投案自首。此外，马晓斌、郭秀龙、邱明、邱琼、陈利华、蒋海龙等均涉嫌非法持有枪支、弹药犯罪。

贩卖毒品：

2001年，谢某某找刘彬购买毒品海洛因，刘彬指使曾天君将20克毒品海洛因送到简阳与谢某某以每克280元成交。

寻衅滋事：

1996—2000年，曹启贵、蒋洪斌等人，先后向夏某某、罗某某、蒋某某、唐某某、周某某、刘某某、李某某强行索要现金800~2000元不等的钱物。

敲诈勒索：

2001年2月的一天，张居飞、张仪龙、杨全付等人应唐某某之邀，到内江市市中区凌家镇，以凌某打了唐某某为由，敲诈凌某现金8000元。

窝藏：

2002年7月18日晚，刘彬明明在知道廖志国、艾松桃将曾功华杀害的情况下，还将廖志国安排到某宾馆躲藏，并资助人民币4000元；同时安排艾松桃到成都市青龙场红花堰躲藏。

赌博：

2001—2003年，刘彬、廖志国、曾天君、艾松桃、陈永苹等人在成都市青龙场等地开设赌场，以推“筒子”“马股”“扯旋”等方式聚众赌博，牟取非法利益。

刘彬犯罪团伙于2001年1月14日凌晨持枪冲进史家镇兴发肉

联厂财务室杀人抢劫的手段，与资阳“12·1”案极其相似，资阳警方经严格审查，缴获该团伙持有的“56-1”式冲锋枪1支、滑膛枪1支、仿“64”式手枪3支、仿“54”式手枪1支。经过对刘彬等人的全面审查，结合省公安厅枪弹技术鉴定，刘彬团伙所持冲锋枪与“12·1”案枪弹特征不相符。

对此，排除刘彬等人实施“12·1”案的可能。刘彬团伙全部移交内江警方处理。

“以枪找人”获得的战果是喜人的，但是其涉及的枪支却令人忧虑。除了上述涉枪案件外，无法一一细述的涉枪案还有若干起，其中之一便是以重庆的秦月普、罗义贵、蒋大全、陈强为首的特大贩卖枪支犯罪团伙。

八　打掉贩枪团伙

案发30多小时后，嫌疑人露出的一个破绽——遗落现场的一款手机上的信息——被专案组紧紧地咬住了。杀手、望风人、现场组织人、外围指挥人明晰起来，民警顺藤摸瓜，这个涉黑团伙逐渐浮出水面。

据重庆警方介绍，秦月普贩枪团伙贩卖的枪支，除了来复线（膛线）造不出来，犯罪嫌疑人制造出来的枪支堪称“精良”，杀伤力并不亚于正规兵工厂制造的枪支。其中，一名主要的涉案铁匠被其团伙称为“枪王”。

人们要问，重庆早已于“12・1”案发之前就抓捕的贩枪团伙，资阳警方怎么还要“捞来”清理呢？

其实，“12・1”案发生后，资阳警方就有个共识，要把全国已经发生的各类枪案并案侦查，从中发现蛛丝马迹或发现有否牵连，对于重庆这个贩枪团伙，只是并案侦查案中的一个。

并案侦查的目的，一是要弄清贩枪团伙贩卖枪支的流向，从流向查找犯罪分子；二是要从枪支来源查找与“12·1”案相符的枪支，确定“12·1”案枪支来源，从而进一步确定犯罪嫌疑人的轨迹。

对此，资阳警方彻查秦月普贩枪团伙，自然就有必要弄清楚秦月普所贩枪支的全部去向，也有必要弄清楚其所贩枪支的来源，希望从其侦破过程中找到一丝与“12·1”案有关的线索，从而有助于“12·1”案的侦破。

现在就来看看秦月普贩枪团伙是怎么一回事。

2001年3月14日，重庆市公安局强制戒毒所内的一名戒毒人员向管教民警检举了一条线索：暂住在江北区的黎振和蒋大全长期吸毒贩毒，且与另外两人参与贩卖枪支。

3月21日凌晨，重庆警方在江北红旗河沟一租赁房内，将黎振等十余名犯罪嫌疑人抓获。

据黎振交代，有一个叫罗贵的四川邻水县人，在贩卖枪支。令人意料不到的是，警方去邻水抓捕罗贵时，黎振所说的罗贵已被公安部门抓捕。

罗贵的真名叫罗义贵，四川邻水县九龙镇人，1999年1月因贩毒被判刑9个月。出狱后染上了毒瘾。2000年11月7日，他被送进了江北区公安分局强制戒毒所戒毒。

提审罗义贵，罗一口气交代了自1996年以来，先后伙同蒋大全、陈强等人，从贵州省松桃县外号叫“迪迪”“石猴子”等人那里，购买了仿“64”式、仿“54”式手枪及子弹回渝贩卖的犯罪事实。罗义贵一口气说出的涉嫌贩枪人员多达二三十名。

经过对罗义贵交代的“人头”初步查证，专案组果断决定：当即展开缉捕行动！

2001年12月初，专案组在工作中发现，本案的两名重要涉案人员蒋大全、陈强经常在江北区观音桥一带活动。12 月 14 日晚 10 时许，当蒋、陈二人在江北区观音桥家乐福超市附近刚一露头，就被守候多时的侦查员一举擒获。

审讯时，蒋、陈二人称，他们所贩的枪支都是直接从贵州松桃县外号叫“迪迪”“石猴子”等人那里购买的，这些枪除了流往重庆外，还销往广东、福建、湖南等地的违法犯罪人员手中，给社会带来极大的危害。

在侦破此案中，许多贩枪线索直接指向“迪迪”“石猴子”和一个名叫秦月普的犯罪嫌疑人。在贩枪链中，他们处于“上家”的位置。

枪源查明，抓捕他们就成了破案的关键。

“迪迪”是一名铁匠，能自制枪支，人称“枪王”；“石猴子”，人称“贩枪专业户”；而秦月普，则是警方早在侦破震惊全国的张君团伙案时就开始缉拿的一个惯犯。

经过详细了解，专案民警获悉“迪迪”有吸毒贩毒的恶习。

因此，专案民警决定设计智钓“枪王”，通过蒋大全、陈强与“迪迪”联系，假称手里有一些海洛因想出手，如果实在没有现钱的话，可以用枪支抵毒资。

想到毒品能赚到钱，枪又能卖个好价，“迪迪”第一次改变了从不亲自送枪出松桃境内贩卖的习惯，答应将枪送到紧邻松桃县的重庆秀山县，然后“一手交钱，一手交货”。

2001 年 12 月 26 日，专案组一行来到秀山县后，“迪迪”也于第二天住进了该县粮油宾馆。

当“迪迪”次日一大早如约来到吉川酒店门口时，被早已守候于此的专案民警一举擒获。

随后，民警们带着“迪迪”返回粮油宾馆，在其住房内查获 2

支仿“54”式和仿“64”式手枪，以及2发子弹。

“迪迪”的真名叫周吉月，系贵州省松桃县蓼皋镇人，时年30岁。他体格健壮，文化程度不高，重庆枪贩们所贩的枪弹大部分都来源于他。

周吉月说，他自己能拼、装枪，但需求量大或“业务”繁忙时，也到别的造枪专业户手里批发一些枪支转手倒卖。

经查，通过周吉月制造和转卖的枪支在30支以上。其制造的枪支大都卖给了一个叫秦月普的人。

2001年，杀人如麻、震惊全国的张君、李泽军团伙特大系列抢劫杀人案公开宣判，张君、李泽军等14人判处死刑，另有2人死缓、2人无期徒刑，其他若干犯罪人员被判处刑期不等的有期徒刑，还有少数漏网分子，这其中就有秦月普。

秦月普，39岁，家住渝北区石船镇凤翔村。1986年，他因故意伤害罪被判刑，直至1994年刑满释放。出狱后不久又因私藏枪支被判刑3年。

刑满释放后，秦月普表面上在成都五块石长途汽车站附近从事个体货运，但暗地里却干着贩枪买卖。重庆警方早在调查张君案时就将其列为涉枪犯罪的重要嫌疑人，但要抓获秦月普却十分不容易。办案民警几上成都又几下重庆渝北区石船镇，可是秦月普却总像跟民警捉迷藏似的，一直飘忽不定。

2002年3月4日，获悉秦月普又在成都五块石万通货运市场内出现后，专案民警立即与成都警方联手，在货运市场内给这个潜逃了多年的“贩枪专业户”戴上了手铐。

审讯查明，从1999年至2000年年底，秦月普先后伙同罗义贵、余诗伦等人在贵州松桃和重庆、成都等地非法买卖仿“64”式手枪15支、子弹30余发。这些枪弹除了流到重庆外，还流向内江、遂宁、南充等地，不仅给社会治安造成了潜在的严重威胁，还造成了现实危害。

2000年12月1日，案犯曾世田伙同陈晓勇、胡远才等人在巴南区持枪绑架一个私营企业老板，并勒索现金50万元。后因事主奋力反抗、呼救而未遂，但胡等人逃走时却抢走事主现金2万元及手机1部。

秦月普供认，曾世田、陈晓勇等人绑架时所使用的枪支就是其卖给他们的。

秦月普同时供认，他的枪支则来自贵州省松桃县蓼皋镇的“迪迪”周吉月。

周吉月交代，“石猴子”石胜飞和另一名犯罪团伙成员杨再吉的“老巢”在贵州松桃县蓼皋镇，重庆警方决定直捣制枪老巢。

松桃县当地民警介绍，蓼皋镇是闻名全国自制枪支重灾区，制枪的不法之徒大多是一字不识的文盲，但出自他们之手的枪支却特别精致，几乎与真枪无二。而枪的种类也越来越多，工艺越来越精。1996年，警方缴获的6支微型冲锋枪，其制式、精致程度与装备军警的“89”式微型冲锋枪真假难辨，其射击速度与杀伤力等性能更与真枪相差无几。

面对制贩枪支的严峻形势，当地警方的缉枪工作也从来没有放松过。仅2000年一年，该县公安机关便搜缴各类枪支5600多支。

随着公安机关缉枪力度的加大，该县制贩枪支的方式也日趋隐蔽：公安人员一走，便公开造；一追查，就以打铁为名秘密造；查得紧时，白天干活深夜造。地点也由铁匠铺而转入室内，或山洞和深山老林，打一枪换一个地方，与公安民警玩起了“游击”。

不过，重庆警方抓捕石胜飞和杨再吉的行动还算顺利。当地民警通过调查，发现二人还在家里后，立即带着专案组的民警分别赶到二人家中，将二人擒获。由此，秦月普贩枪团伙彻底覆灭。

审讯查明，秦月普卖给四川和成都周边市县的枪支就有14支，其中购买枪支的有邻水人曾川、成都人曾世田、内江人刘彬和“马儿”（马儿后来到贵州催债时被打死）、遂宁人陆勇（拉萨杀人案主凶陆宏的弟弟）、乐至人龚宇、简阳人吕斌、广汉人“红娃”等。

掌握了秦月普贩枪的去向，资阳警方进一步核查购枪人的来龙去脉，邻水人曾川便是其中的重中之重。

曾川是一名网上逃犯。对枪械有着特殊爱好，喜欢带枪闯荡社会以震声威。

2000年春节前后，曾川应秦月普、罗义贵之邀，前往贵州松桃县花费上万元购得自制手枪2支，三人回渝后，秦月普将其中一支枪、3发子弹卖给了曾世田。

2002年12月1日，曾世田等人使用这支枪绑架了重庆庆丰实业有限公司易某，并引发了易某的死亡。因涉嫌买卖枪支罪，曾川被重庆警方网上追缉。

秦月普被抓捕归案后，公安机关深挖余罪，秦月普供述：曾川常到贵州松桃县买枪，2000年上半年，他在成都从曾川手中购得了4支自制手枪，后将枪全部转卖给了他人。

曾川贩卖枪支，侥幸逃脱，其到底把枪支卖给了什么样的人？联想到曾川、秦月普曾把枪支卖给成都的曾世田，那么他还可能把枪支卖给了成都周边市县更多的人，抓到曾川也许就能查到“12·1”案枪支来源的蛛丝马迹。

对此，资阳警方也积极参与重庆警方的查找缉捕工作，但曾川却一度人间蒸发，多年未能落网。

2009年6月26日下午3点半，在北碚区辽宁路新村67号楼下停车场，某娱乐会所老板梁益平像往常一样准备驾车出门，他刚要关上车门，突然从路边冲出几个杀气腾腾的男子，拉开车门，挥刀向其猛砍。仅两三分钟的时间，梁益平左手被砍成了数段，身上也中了 17 刀，鲜血淋漓地倒在座位上。梁被送到医院后，经抢救无效，当晚死亡。

案发 30 多小时后，嫌疑人露出的一个破绽——遗落现场的一款手机上的信息——被专案组紧紧地咬住了。杀手、望风人、现场组织人、外围指挥人明晰起来，民警顺藤摸瓜，这个涉黑团伙逐渐浮出水面。

7 月 5 日，专案组发出收网命令，民警兵分数路，从长寿、巫山、西安等地抓获多名嫌疑人。其中之一便是警方着力追捕多年却未抓获的贩枪嫌疑人曾川。经审理，梁益平被杀案的真相也大白于天下。

原来，梁益平与一个叫李显光的人本是开会所的合伙人，梁是大股东，二人因利益不均发生矛盾，李显光为了独吞会所，即雇请黑道老大杨天庆安排人把梁益平做了。李显光特别要求，为了自己不被暴露，杀手必须是重庆之外的人。

于是，杨天庆安排手下最得力的干将曾川（邻水人）、刘成虎（成都市郫县人）、李渝、邹猛（李、邹均为重庆郊区农民）等，合谋乱刀砍杀了梁益平。

杨天庆、曾川、刘成虎、李渝、邹猛在对梁益平实施砍杀的准备过程中，杨天庆携带枪支来到曾川等人在北碚区暂住的出租屋外，将枪支交给曾川。

其后，曾川、刘成虎、李渝、邹猛携带该枪支到北碚区缙云山、蔡家岗镇等地练习射击，积极为伤害梁益平做准备。9 月 15 日，公安机关在南川区南平镇花盆村一农家，将该枪支起获，同时起获各类子弹 15 发。

据曾川交代，他还曾将一支手枪及4发子弹交给马仔邹猛保管。邹猛又将该手枪及4发子弹交给了另一马仔彭德林保管，彭德林将其放置在江北区一工地的地梁下面。公安机关在该地梁下面缴获了该枪及4发子弹。

经鉴定：该枪是以火药为动力的非制式枪，具备杀伤力，4发子弹均是“64”式7.62毫米子弹。

进一步审理后，曾川交代，除了已经明确的枪支情况，他没有更多的枪支。专案组希图从曾川落网牵出“12·1”案的愿望也就彻底落空。

李侠军、刘彬、曾川等人的落网，虽然与“12·1”案没有丝毫关联，但却为侦破其他大案要案取得了令人惊喜的成效，比起毫无功效的“空忙”，还是值得庆贺的。

尤其值得欣慰的是，通过抓捕和缉枪，更消除了许多难以估量的社会隐患，为保一方平安起到了积极作用。

九 破获“11·15”枪案

警方分析，李某辉被杀很可能有“内线”为杀手提供了李某辉准确的落脚点。“内线”是谁呢？排查当时在茶楼打牌的人，一个中途离去名叫“丁天华”的人引起了警方的注意。

时间追溯到1999年11月15日晚，德阳市绵竹城南郊的“东方之珠”茶楼灯火辉煌，烟雾缭绕的二楼大厅里，当时已是名噪绵竹的“民营企业家”李某辉正全神贯注地打麻将，身边围了几个弟兄，表面上是在观战，实际上是李某辉的保镖。

19时30分，距茶楼不远的夜色里，一名穿风衣的男子用手机发出信号“目标在二楼”，说完便关掉了手机。

10分钟后，一辆红色夏利轿车在茶楼门口戛然停住。两名蒙面男子冲下车来，迅速用布料遮住车牌，一名男子身穿米黄色风衣，另一男子身穿西服、头戴假发，两人旋风一般冲进茶楼，直扑二楼大厅。

大厅里，“方城”赌博之战正酣，穿米黄色风衣的男子突然亮出一支手枪，黑洞洞的枪口对准李某辉。李某辉顿时面部中弹，当即倒在麻将桌上，几乎与此同时，“西服”也亮出一支滑膛枪，连发了两颗子弹……

蒙面人并未立即逃走，而是非常沉着地探探李某辉的鼻息，确认李某辉已经死亡，这才从容下楼，跳上一直等候在茶楼门口的那辆夏利轿车，迅速消失在黑夜之中。

当李某辉的保镖们和“麻友”从错愕中回过神来时，枪手早已没了踪影，有人拨打“110”报警，警察10分钟就赶到了现场……

不说警方如何勘查办案，只说“李老板”死后，其弟兄哥们四面八方赶来为他送葬，庞大的送葬队伍满城游行，群众反响十分强烈，社会秩序处于混乱局面，警方不得不出动警力随时注意事态的发展。因此，更有不明真相的人煽风点火，制造事端，声称李老板死了，居然有警察“护卫”送葬。

一时间舆论沸扬，众说纷纭。

案件惊动了四川省公安厅，副厅长吴建亲临绵竹，坐镇指挥破案。吴副厅长听取了案情汇报后敏锐指出，这不是简简单单的寻仇报复杀人，除了两名杀手和接应的司机外，背后一定还有“推手”，极有可能是“黑吃黑”的涉黑案。

对此，四川省公安厅将其列为2000年挂牌督办的涉黑1号大案。

警方分析，李某辉被杀很可能有“内线”为杀手提供了李某辉准确的落脚点。“内线”是谁呢？排查当时在茶楼打牌的人，一个中途离去名叫“丁天华”的人引起了警方的注意。

丁天华是一家小型肉联厂的老板，与李某辉有交往。这天，丁天华与朋友一同参加了李某辉乔迁的酒宴，酒后就到茶楼打牌。因为围观的人很多，不时有人进出洗手间。

后来人们回忆，案发前，唯有丁天华离开后没有返回。

秘密调查发现，案发当天，丁天华同一个叫刘勇和一个叫周明贵的人联系频繁，而这两人都是绵竹市另一赫赫有名的“民营企业家”何志敏的保镖和得力干将。

难道是何志敏策划了这起大案？但是案发时，何志敏正在监狱服刑，他哪有作案的机会呢？

行文到这里，又得再度时空倒流，搞清楚何志敏在监狱服刑是怎么一回事。

何志敏，1963 年出生于四川省绵竹市富新镇一个贫困的家庭，他在家里排行老三。22 岁那年，何志敏独自一人从富新来到绵竹城，在亲戚的帮助下，进了一家歌舞厅打工。

歌舞厅是龙蛇混杂的地方。慢慢地，何志敏结识了不少三教九流。从汉旺镇某工厂下海经商的李某辉经常来歌舞厅消费。

通过观察，李某辉发现何志敏颇有血性，就与何志敏套近乎，希望何志敏帮忙物色一些下得去手的人。何志敏心领神会，给李某辉找了几个社会混混，这些人便成了李某辉的保镖，何志敏也因此与李某辉成了极为要好的弟兄。

1996 年，何志敏和李某辉各自召集一些人歃血为盟，结为弟兄，发誓有福同享，有难同当。随后二人合伙在绵竹商业场开了一家夜总会，生意十分火爆。

然而，一场马仔打架斗殴让他们之间出现了裂缝。

一天，为李某辉看场子的侄儿李某，与何志敏的表弟刘某发生纠葛，刘某挥拳将李某打倒在地。

李某辉听说自家侄儿受了气，自然要为他报仇。李某辉找刘某说事，刘某不但不认错，反而拔出随身携带的火药枪向李某辉射击，铁砂击中了李某辉的大腿。李某辉忍痛爬上轿车开车向刘某撞去，刘某飞身躲过，然而站在刘某旁边的女朋友却被当场撞死。

李某辉因交通肇事罪被判刑入狱。何志敏趁机“清理门户”，把李某辉与何志敏共同经营的夜总会里凡是李某辉的人统统赶走，夜总会“顺理成章”变成了何志敏一人所有。

两年后，李某辉出狱了，他来向何志敏讨要夜总会的股权，二人因此矛盾凸显。1998 年元旦，何志敏与李某辉互相纠集弟兄在绵竹市花园迪吧谈判争吵中，何志敏手下的刘启卫竟然开枪将李某辉手下一个马仔当场打死。

听到枪声，正在迪吧附近执勤的绵竹市公安局两名巡查队员黄佑斌、范元江闻声赶过来，正与拔脚逃跑的刘启卫撞个正着，刘启卫竟然丧心病狂连开两枪，黄佑斌当场牺牲，范元江则身负重伤。

当年 3 月，刘启卫落入法网，不久被判处死刑。何志敏自然也难逃干系，1999 年 1 月，何志敏因非法持有枪支罪被判处有期徒刑 2 年。

何志敏入狱后，李某辉如法炮制，很快将何的“领地”占为己有，成为大款老板，并倚仗手下弟兄在绵阳地盘上收取保护费，渐渐成为黑社会的头面人物。

然而李某辉的好景却没持续多久，1999 年 11 月 15 日晚，李某辉的生命随着几声枪响而画上了句号。

李某辉被杀，案情指向黑恶势力报复杀人，何志敏是重要嫌疑人。然而李某辉被杀时，何志敏正在监狱服刑，显然没有作案的机会。

专案组决定先对嫌疑人丁天华、周明贵和刘勇着手调查。

经查，周明贵和刘勇曾在 9 个月前犯下一起杀人案，专案组决定对二人实施抓捕。

1999年12月18日，刘勇被抓。但他只承认9个月前的那起杀人案，坚决不承认杀害李某辉一案，刘勇随后因故意杀人罪被判处有期徒刑15年，投入监狱改造。

以上就是何志敏监狱服刑的原因。因为没有抓住丁天华、周明贵，无法确定李某辉被杀的具体原因，更无证据指向坐牢的何志敏指使杀人。李某辉被杀案的侦破工作因而陷入僵局，一时难有进展。

2001年元月，在监狱待了2年的何志敏刑满释放。他没有回到家乡绵竹继续重操旧业，而是在德阳市区开茶楼做生意——看来他要金盆洗手了。

然而，追查李某辉被杀的案子公安机关却没有束之高阁，而是一直在坚持侦破。

专案组从当时李某辉被杀案的作案车辆入手，2001年4月25日，在江油市厚坝镇抓获当初为杀害李某辉提供车辆的向军。

据向军交代，车子是他借出去的，开车的则是绵竹市板桥镇人王东，并供出枪杀李某辉的直接杀手正是刘勇和周明贵，而保管枪支的是绵竹市玉泉镇人叶平等人。

专案组迅速将叶平抓获。叶平对参与杀害李某辉的犯罪事实供认不讳。向军、叶平二人的落网终于撕开了“11·15”枪杀李某辉案的真实黑幕。

当时已在监狱服刑的刘勇终于承认是他和周明贵开枪杀死了李某辉，并供出丁天华就是负责提供李某辉情况的“内线”。

随着案件的突破，专案组民警在嫌疑人刘金发家起获了滑膛枪和“54”式手枪各1支、弹匣1个、子弹11发、霰弹5发。

经鉴定，这两支枪正是周明贵、刘勇作案杀害李某辉用的枪支。

随着案情的进一步明朗，终于暴露何志敏便是杀害李某辉的幕后黑手。但专案组民警缉捕何志敏和丁天华时，二人均已闻风潜逃，不知去向。

2001 年 9 月，何志敏、丁天华和周明贵被四川省公安厅列为 A 级通缉要犯。

2002 年 5 月 24 日晚，专案组在成都市新都区利济镇将隐姓埋名的丁天华抓获。经审讯，丁天华供认，“11・15”枪杀李某辉案确实是何志敏策划和组织的。而枪手便是已捕获的刘勇和周明贵。

除恶务尽，缉捕何志敏、周明贵的工作进一步展开。

然而，将近一年时间，何志敏、周明贵却人间蒸发般，杳无踪迹。

四海公司“12・1”案发生后，资阳警方梳理全省涉枪案件，绵竹“11・15”枪杀李某辉案与资阳“12・1”案并案侦查，两地警方多次奔赴德阳，德阳市公安局安排警力积极配合，查明何志敏在德阳开茶楼时与一个姓申的女子关系非同寻常，据说是情人关系，何志敏逃离时，申某亦随之离去。

继续深查，专案组查明，申某居然是资阳市雁江区松涛镇人。

无独有偶，专案组调查还得知，何志敏的手下丁天华做肠衣生意，与资阳宝台镇钟山村的杨某某有生意往来，而杨某某在“12・1”案发之前一直都与四海公司有生猪生意往来。

专案组获此信息的民警不禁暗想，何志敏于 2002 年 5 月得知丁天华被抓，然后就逃走了。丁天华与资阳有关联，蹊跷的是，何志敏结交的情人也是雁江区松涛镇人，而四海公司就在松涛镇区域内，申某老家也是松涛镇区域，与四海公司相邻，申某及其亲友对四海公司收购生猪发放钱款事宜应该比较熟悉。

更为蹊跷的是，“12・1”案又正是何志敏逃离德阳之后发生的。由此看来，有可能是申某将何志敏带到雁江，心狠手辣的何志敏了解了四海公司的情况后，下手作下“12·1”案。

带着莫名的兴奋，专案组民警加紧了对申某的调查。奇怪的是，专案组查明，申某的男友不是绵竹人，而是简阳市人，户籍为简阳市石盘镇某村，名叫兰泽。

专案组调出兰泽的户籍资料，发现户籍照片却很像绵竹警方提供的何志敏，只不过绵竹警方提供的何志敏年轻一些，留着分头长发，简阳市石盘镇的兰泽留短发。

经仔细比对，简阳市石盘镇的这个兰泽，与网上通缉的何志敏百分之九十九相像。

不言而喻，专案组民警对于这样重大的线索自然兴奋不已。而且调查的结果也令人振奋——申某与兰泽租房住在资阳城里西门某小区，申某与兰泽以夫妻相称，兰泽深居简出，从不与外界接触。

专案组民警立即对申某租住地实施秘密布控。2003 年 5 月 12 日，正值“非典”时期，专案组得知何志敏和其马仔王涛驾车回到申某租住的家中，决定立即展开缉捕行动。

但是缉捕方案却一个一个被否定。

原因是，何志敏穷凶极恶，手上有枪，稍有不慎，就可能导致流血牺牲。

专案组曾想以防疫员、消防员或以查户口、查燃气、查水表等老套子敲门进入，但是这些老套子很难奏效。

因为一般来说，查燃气、查水表等方法，进屋一般都是一两个人，不可能人太多，而何志敏与马仔已是两个大男人，何况何志敏不仅是惊弓之鸟，而且穷凶极恶，开门时不可能两人都到门前来，所以进屋缉捕很不现实。

诱引缉捕是最好的方法，如何诱引？民警开动了脑筋。

何志敏有车，可否等到他驾车外出时动手？但是那样的话把握性不大，万一被他察觉而逃脱，或拒捕酿成严重车祸……专案民警最终想到了一个可行而又稳妥的办法，决定诱捕。

诱捕行动于第二天即 5 月 13 日上午 9 时进行。

通过一整夜的守候，确定何志敏与他的马仔都在家中，上午 9 时许，雁江区公安分局大案中队队长陈军驾驶一辆夏利轿车驶进小区，在小区后院掉头后径直向一辆本田轿车撞去，“砰”的一声，本田轿车后面的大灯被小车撞得稀烂，门卫听见声响，急忙跑过去查看，发现开夏利车的是个男青年，门卫说男青年把别人的车撞坏了，应该打交警电话报案，男青年却说小区撞车交警管不着，开车就要走，门卫大声叫喊某某号牌的车主赶快下楼来处理。听见叫喊，四楼的一扇罩着厚厚窗帘的窗子被打开，一名男子的头伸了出来又缩了回去，随即这名男子走下楼来，当其走到二楼的楼道时，两名便衣刑警正在“恭候”着他，此人正是何志敏的马仔王涛。

王涛被控制的同时，潜伏在四楼的刑警迅速破门而入。面对从天而降的刑警，屋内的一名 40 岁左右的男子惊得目瞪口呆。

“何志敏！”刑警厉声喝道，并迅速将其制服。

“我不是何志敏。”该男子矢口否认。

民警亮出何志敏以前的资料照片叫他自己辨认，何志敏无可奈何地叹了口气说：“终于到头了！”

落网后的何志敏，交代了他一手策划“11·15”枪杀李某辉的犯罪事实。

1999 年 1 月 15 日，何志敏入监在德阳监狱中江分监区改造，(分) 监区长叫刘虎。何志敏进监狱后佯装积极改造，很快就取得了 (分) 监区长刘虎的信任，刘虎认为何志敏头脑灵活，有号召力，就叫何志敏担任了小组长，协助管理同犯。

何志敏很会“来事”，每当“道”上朋友来看他时，他总要当着刘虎的面，向朋友夸刘虎如何如何好，对自己如何如何关照……这让刘虎听起来格外顺耳。慢慢地，刘虎对何志敏的管理便松弛起来。何志敏见时机已经成熟，便授意常来看他的周明贵要尽快搞定“虎哥”。

周明贵借口感谢刘虎对何志敏的关照，提出宴请刘虎，最初遭到拒绝。周明贵却三番五次跑来监狱，终于把刘虎“请进了”餐厅，酒足饭饱之后，周明贵还请来小姐，开好房间，把刘虎推进了温柔之乡。

从此，刘虎与何志敏的关系有了突破性进展，竟改称何志敏为“三哥”。

那些年，监狱在外大搞“劳务输出”，中江监区实际上就是劳务输出的点，监区长统管全盘，刘虎正是利用手中的权力，竟然用公款专门为何志敏在监区附近租了一间农房单独居住。

对此何志敏感激不尽，隔三岔五就带上刘虎到外面吃喝玩乐，而何志敏在外的弟兄则不断地给他提供金钱，满足何志敏开销。在刘虎的特别关照下，何志敏的一切行动都可自由安排，不受监规约束。

经常来看望何志敏的，当数手下丁天华。丁天华原是一个肠衣厂的老板，曾经因与李某辉作对，厂子经营十分困难，后来何志敏带了一帮弟兄找李某辉理论，李某辉才把有关区域划给了丁天华。丁天华从而扩大了经营范围，生意才越做越大。

而今，何志敏进了监狱，丁天华前来向他诉苦，说李某辉纵容手下兄弟又抢了他小肠生意的地盘，还经常口吐狂言说“何志敏出来绝不能让他再在绵竹立足”。何志敏对此怒火中烧，决定先发制人，在他服刑时“做掉”李某辉，这样的话，警方绝对怀疑不到他这个坐牢的人头上。

于是，何志敏利用自己的“自由”之身，悄悄来到德阳，在河边一茶楼召集周明贵、丁天华、刘勇等人商议如何“做掉”李某辉。经过前后四次密谋，大家进行了明确分工：做生意的丁天华支付劳务费，并负责调查李某辉行踪；周明贵和刘勇当枪手；何志敏负责搞枪和子弹。

机会终于来了。丁天华打听到李某辉要搬新房宴请朋友，日期定在1999年11月15日晚上，宴会的地点在绵竹南郊的一家大酒店，丁天华虽然对李某辉十分不满，但还是决定前去“祝贺”。

丁天华将这个消息报告给了何志敏。何志敏决定就在这天动手。于是，前文交代的李某辉被枪杀案就这样在监狱服刑的何志敏的遥控下极具戏剧性地发生了。

何志敏不仅供认是他组织策划了“11·15”枪杀案，还供认所用的子弹竟然是从（分）监区长刘虎处要来的，随即警方在刘虎住处搜出了131枚子弹。不言而喻，刘虎，这个曾经的“人民警察”也因此沦为阶下囚。

何志敏落网，绵竹警方当然十分振奋，然而曾经十分兴奋的资阳警方却高兴不起来。

因为，何志敏最终交代，他绝对没有作过“12·1”案。无奈何志敏只能移交绵竹警方处理。

在这里，还有必要交代一下何志敏的另一个骨干周明贵的下场。随着何志敏的落网，其交代了与周明贵的联系方法。

专案民警随即获知周明贵化名“李勇”，潜藏在成都邛崃市，正和一名20岁的监狱女警察李某热恋。

2003年6月24日下午，专案组民警来到邛崃市找到李某，通过照片辨认，李某确认与她热恋的“李勇”就是周明贵。专案组请她协助将周明贵尽快抓获。然而被恋情冲昏头脑的李某却借故上厕所之机，给周明贵发短消息，叫他“快跑”。李某从厕所返回后，民警见其神色异常，立即在厕所便槽内发现了李某丢弃的手机卡。由于李某给周明贵通风报信，周暂时逃避了抓捕。

9 月 23 日晚，专案组得到可靠情报，周明贵藏身在成都。民警迅速赶到成都，包围了周明贵藏身的出租房，以雷霆万钧之势撞开房门，旋风般地冲了进去。此时，躺在床上的一男子在睡梦中被惊醒后，将手伸向枕头下摸索，几名民警勇猛地扑上去，死死压住他的双手，然后从枕头下搜出一支子弹已上膛的“54”式手枪，此人正是血债累累的“职业杀手”周明贵。

随着何志敏涉黑犯罪团伙最后一名成员周明贵落网，四川打黑 1 号案宣告成功告破。2005 年 10 月 21 日，何志敏、刘勇、周明贵被德阳中院一审判处死刑。同案犯刘虎因犯玩忽职守罪，被判刑 3 年。曾经为周名贵通风报信的恋人李某被判刑一年半，缓刑一年，开除公职。丁天华等人分别被判处 3~20 年有期徒刑。

何志敏涉黑团伙的彻底覆灭，尽管没能牵出“12·1”案任何线索，但是从全局来看，也是为保一方平安尤其是何志敏极有可能在不久的将来在资阳作案消除了一个极大的隐患。由此，本书还要着力写另一个涉黑嫌疑人，这个人就是原籍自贡、作恶资阳、危害成都的杀人恶魔涂成武。

十　侦破“9·4”枪杀大案

专案组分析认为，“奇奇”在短短几年就聚敛了上千万元的财富，他的发家史极不正常，在不择手段攫取钱财的过程中他树敌不少，十有八九“9·4”枪杀案因此而起。但谁是凶手呢？

要说涂成武，则要先述说资阳的另一起惊天大案，这就是号称四川“打黑”第一战的“9·4”枪杀案。

1999年9月4日下午5点40分左右，四川省资阳市繁华的上西街，当地赫赫有名的沙石老板“奇奇”从陶然茶楼出来，他的五个朋友跟在其身后。一辆蓝色桑塔纳轿车开过来，轻轻停在“奇奇”等人前方十多米处。桑塔纳前门打开，下来一个高个子年轻人，手提一支霰弹枪，对着“奇奇”就开了一枪。几乎同时，又有几个提着霰弹枪的年轻人从车后门下来，对着“奇奇”乱打。前两枪都没有打中，“奇奇”转身要跑，第三枪打在背上，他当即倒下。

“奇奇”的另一朋友腹部也挨了一枪，倒在地上。“奇奇”的其他朋友见状没命地狂奔，其中一个慌忙蹿进身后一家已拉下一半卷帘门的服饰店。

杀手对着卷帘门开了两枪，在门上打出两大团凹点，落地窗玻璃碎落满地，店内传来女人的惊叫声。

高个子杀手从容不迫地走到“奇奇”身边，对着他的下身又开了一枪。

枪杀过程可谓“惊心动魄”“干净利落”。

当周围的人们醒悟过来时，几个枪手已经上车绝尘而去。桑塔纳一路上撞倒两个骑自行车的人，又与一辆农用车擦刮，然后向成渝高速公路方向奔去。

几分钟后，当资阳市公安局雁江分局巡警大队民警赶到现场时，在场的一个店主递给民警一张纸条，上写“川A16×××”。

资阳市公安局“110”指挥中心紧急通知拦截车牌号为“川A16×××”的桑塔纳。该车正在冲向成渝高速公路资阳收费站，根本没有停留的意思，而是飞车将栏杆撞飞，强行上了高速路。

高速交警见状，迅速驾车追赶，追了不到两公里，赫然见该车停在路边，发动机还没熄火，车里已经没有人，四周也不见人影。

检查该车后，发现保险杠已经拖在地上。民警推断，歹徒已坐另一辆接应车逃跑了。

这显然是一起有预谋的枪杀涉黑案，案件引起四川省公安厅高度重视。省厅分管刑侦的副厅长吴健于案发第二天就带着刑侦局的警员赶到资阳督战，指导资阳公安机关抽调42人组成专案队伍，立即开展工作。

9月5日，“奇奇”的哥哥在九曲山庄布置了气派的灵堂，成渝沿线不少有名的“人物”纷纷前来吊唁。

警方调查发现，“奇奇”嗜赌如命，在隆昌、内江、成都、乐山、重庆甚至澳门等地狂赌，输了2000多万元，在外面欠了一屁股债，仅利息就达600万元左右。对“奇奇”垄断资阳建筑市场情况的调查则更令公安人员惊讶。

20世纪90年代初，资阳城区及近郊，一些社会闲杂人员及部分有劣迹、有前科的人员裹挟在一起，采取威胁恐吓等手段，欺行霸市，强买强卖，强包工程，逐渐垄断了利润丰厚的建筑与建材市场，在资阳城区形成所谓“东南西北四大门派”。凡是他们看上的工程，只能由他们承包，如果别人承包了，必须给他们一笔高额的“补偿费”，否则就派打手来闹事。社会上经常传出“某某老板被某某摆平了”等小道消息。但“四大门派”基本上都不懂建筑，工程承包到手后，多半也是转包出去，收取转包费用。

“奇奇”就是其中的“南门”老大。他于1997年成立了鸿通建材有限责任公司，这年9月，他纠集一大批社会闲杂人员，对南津镇以上、临江镇以下数十公里沱江河段的沙石实行强行收购，然后统一向建筑工地销售。同时，该公司组织人员在资阳市“四门”把守检查，不准其他河段沙石拉入资阳城区销售，否则拉沙石的驾驶员就会被打或被扣车。

垄断使资阳城内沙石价格不断上涨。1998年以后，内江、资阳区划调整，资阳成立地区，建设项目陡增，沙石价格一路飙升，四大门派竞争尤为激烈。

同时，“四大门派”原定的势力范围被打破，“奇奇”又将一些有劣迹甚至有命案在身的社会闲散人员收罗麾下，成为四大门派中最有实力的一派。他的沙石公司最多时有护河队员70人，当时条件下，每人配有传呼，小组长还配了“砖头”手机，每人每月平均工资1200元，其待遇远远超过当时公务员的工资。护河队员平常分散在各工地巡查，由“奇奇”的总管、绰号“枸杞”的人统一召集。护河队员为“奇奇”打架斗殴，即便被关进了看守所工资还是照发。

1997年，资阳人代会上曾有代表提出议案，要求政府整顿沙石购销市场。这年9月开始，由资阳市政法委牵头，工商、公安、矿产办、江河办等部门组成联合工作组，对鸿通建材有限责任公司非法垄断沙石市场、强买强卖行为进行了调查，做了大量工作，打算对“奇奇”采取相关控制措施，后因各方意见不统一，最后不了了之。

专案组分析认为，“奇奇”在短短几年就聚敛了上千万元的财富，他的发家史极不正常，在不择手段攫取钱财的过程中他树敌不少，十有八九“9·4”枪杀案因此而起。但谁是凶手呢？

案发后的第四天，专案组从作案车辆入手得到一条线索：将“奇奇”打死的是四个内江杀手，他们是“刘二娃”、郑银春、“小山东”“个耳朵”。

这四个名字对警方来说早已“如雷贯耳”，四人都是命案累累的逃犯，公安机关追捕多年未果。

绰号“刘二娃”的刘洪兵，1996年夏天在隆昌火车站，因与他毫不相干的一场争吵执刀将人杀死后潜逃。潜逃期间，又在隆昌、内江、自贡、成都、重庆等地作案6起，杀死7人，为公安部督捕逃犯。

郑银春，1996年8月在内江市中区沱江剧场持火药枪杀人后潜逃。其后又参与6起杀人案件，杀死7人，为省公安厅督捕逃犯。

绰号“小山东”的李月刚，1998年，伙同刘洪兵、郑银春、李俊等人参与多起杀人案件，杀死数人。

绰号“个耳朵”的李俊，1998年伙同刘洪兵、郑银春、李月刚等人参与多起杀人案。此人还吸毒，并从事贩枪、贩毒活动。

从掌握的情况判断，这四名杀手数次杀人，竟然都因一些很不起眼的小事，珍贵的生命在他们眼中竟是那样轻贱。真可谓“杀人不眨眼”！

从多种渠道反映上来的情报，证实“9·4”案件确实为上述四名狂徒所为。然而，这四个杀手与“奇奇”无冤无仇，其中郑银春、李俊还被“奇奇”奉为上宾好酒好菜招待过，二人却参与枪杀“奇奇”，原则上肯定是受人所雇。

如果受人雇用，幕后的人是谁呢？专案民警对资阳黑道上的人物进行了排列，将“奇奇”的交往尤其是恩怨所形成的关系网绘成了图纸，密密麻麻画了十多张，逐条关系一一进行核查。

10月29日，专案民警确定四名杀手在案发前后，与一个叫于某学的人及其爪牙廖忠福有过密切联系，于某学在案发后神秘地失踪了一个多月，行为反常，廖忠福也一下子杳无音信。于某学这个案发时就被纳入公安机关视线的“资阳名流”迅速上升为专案组的首要嫌疑对象。

专案民警还了解到一条重要线索：1999年7月5日晚，有神秘杀手持霰弹枪对着于某学连开四枪，将其打伤。社会上传言，此乃“奇奇”指使杀手所为。

当时的资阳地区公安处不少民警对于某学并不陌生。1999年2月，一个体饭店老板借酒发疯用刀砍伤政府机关领导，在资阳闹得沸沸扬扬。于某学出面将双方摆平。后来公安处领导觉得事情很蹊跷，特令严肃处理，遂将肇事老板刑拘。

于某学，绰号“学学”，1968年出生，小学文化，1995年因盗窃罪被资阳市人民法院判刑3年，但仅仅过了10天就取保监外执行。没想到他很快混成了当地有名的大企业家，承包了资阳市至少八座水库，并担任资阳市水产公司副总经理。1999年又与人合伙成立了博通房地产开发公司，担任总经理，生意做得很红火，在资阳同时开工的工程就有四个。他还承包有砖厂、水泥厂、食品厂等企业。当时，于某学所有企业一年的纯利润在300万元左右。

于某学文化程度低，但为人精明，是资阳四大门派中北门的老大，手下也纠集了一批社会闲散人员，其中混杂有不法之徒。

“奇奇”被杀之后，消失了一段时间的于某学，因为公安机关没有直接找他，“奇奇”的人也没有找他，便逐渐放下心来，开始在资阳露面，常常与兄弟们赌点儿小钱打发时间。

1999年12月16日晚上8点多，于某学在资阳市河心地晶鑫街经典茶楼大厅与曹良军等人打牌赌钱时，突然一高一矮两名杀手分别持“54”式手枪和霰弹枪冲了进来，对着于某学等人连开数枪。曹良军当场被打死，于某学头部、腹部、腿部连中数枪，直肠被打断，肛门被打烂，肾脏被打坏，股骨骨折，倒在血泊之中，经抢救才保住了一条性命。

正在公安局紧锣密鼓侦破“9·4”案件的时候，于某学又被不明身份的人枪击致残，这更令“9·4”案件扑朔迷离。

当公安机关调查此案时，于某学死活不配合，被枪杀时他明明认识枪杀他的人并叫喊了杀手的外号，但他却矢口否认。此案一直没有取得实质性进展，甚至连一份像样的文字材料都没有。

公安部部署全国“打黑除恶”斗争前夕，四川警方闻风而动，撒网捕黑，资阳等地被列为涉黑重灾区。省厅吴健副厅长、刑侦局孙建明局长召集资阳、成都、内江警方开了一次协调会，要求三地警方落实责任，加强配合，坚决打击黑恶势力。

打黑除恶的战斗迅速展开！

2000年4月9日晚12点，“9·4”专案组在隆昌警方的协助下，抓获了正搂着情妇在宾馆睡觉的刘柱生。

刘柱生是一个修路的包工头，他交代，隆昌的郑常刚肯定知道“刘二娃”一伙的藏身之处。这个郑常刚是隆昌县的一个小混混，与“刘二娃”关系很“铁”。1996年夏，“刘二娃”就是帮他打架才杀的人。“9·4”案件后，郑常刚不仅安排“刘二娃”等人躲藏，还为他们介绍小姐嫖宿。

4月10日，专案组顺藤摸瓜，发现郑常刚正在成都。下午1点，专案组民警带上刘柱生来到成都岷山饭店一楼茶座，将前来“赴约”的郑常刚抓获。就在这时，一个矮而壮的人夹一个黑色手包出现在茶座门口，这正是黑道上恶名远扬的杀手——“小山东”李月刚。

原来，当天中午，郑常刚就是与“小山东”等人在一起吃的饭，郑常刚前脚进了茶座，“小山东”后脚也跟了进来。不料茶座中一个成都黑道上的人喊了一声“山东，快跑”！“小山东”转身想退出门去。说时迟，那时快，坐在门口的民警拦腰将“小山东”抱起，经过一番搏斗终将“小山东”制服。

民警捡起“小山东”的黑色手包，拉链已被拉开，里面有一支子弹已经上膛的“54”式手枪和一支压满子弹的备用弹匣。

经突审，“小山东”供述，“9·4”案件的重要知情人是廖忠福。

廖忠福，成都彭州市人，29岁，初中肄业，绰号“丑鬼廖三”，1992年在当地因斗殴杀了人，一直在潜逃，先逃到新疆，与绰号“猫儿”的刘昌伟一同当扒手。后又到深圳、内江躲藏。1998年潜逃到资阳，投靠了于某学，在资阳买了房子定居下来。于某学安排他在川中大厦开了5个月翻牌机，分得利润8万元。因此，廖忠福对于某学感恩戴德。廖忠福在“9·4”案件发生后第三天就跑了。民警到处追捕他，仅彭州市就去了4次，但都扑了空。专案组决定利用偷车贼张杰引出廖忠福。

张杰与廖忠福是朋友，为廖忠福偷了那辆用来作案的车牌号为“川 A16890”的桑塔纳。

张杰于 1999 年 11 月落网。通过做工作，张杰妻子以商量请律师为由约廖忠福在成都伊藤洋华堂见面，廖忠福应约而至，终被擒获。

立即对廖忠福进行审讯。负隅顽抗了 3 天的廖忠福终于彻底交代了受于某学指使，策划了“9·4”枪杀案的全部经过。

1999 年年初，“奇奇”与于某学因赌博闹翻。后来又因抢占建筑市场引发矛盾，彼此怀恨在心。

7 月 5 日晚上 9 点多，于某学在海韵大厦洗头，叫上一名按摩小姐正要上自己停在门口的一辆雅阁轿车，突然看见街对面一个穿风衣的人提着一支手枪径直朝自己走来。于某学急忙打开车门扑进车中，伏在座椅上。“砰、砰、砰、砰”，风衣人对着汽车连开四枪后，朝东门加油站方向跑去。于某学因个子小，伏得低，只是腰、手臂被擦伤，但汽车却被打烂，光修理费就花了两万多元。

于某学通过“埋藏”在“奇奇”身边的内线得知，这是“奇奇”指使爪牙“枸杞”雇请内江杀手段小波所为。7 月底，于某学得知“奇奇”手下还在网罗杀手搜集枪支弹药，准备再次下手，就召集自己的手下黄胜、廖忠福商议：与其被人打死，不如趁早还击。

于某学出资 50 万元让廖忠福、刘昌伟，通过郑银春找来李俊、刘洪兵、李月刚、朱家东 4 名“杀手”，伺机杀死“奇奇”，并支付定金 5 万元，同时约定致伤、致残不付酬金。

1999 年 9 月 3 日下午，刘昌伟带领 4 名“杀手”到达资阳，同时于某学、黄胜、廖忠福、刘昌伟、朱家东在资阳市经典茶楼一包间内就谋杀“奇奇”一事进行了具体分工：由朱家东负责查找

“奇奇”的行踪；廖忠福负责安排人员偷车用于4名枪手使用；黄胜负责安排车到高速公路接应枪手逃跑；于某学同意事成之后5日内支付余下的酬金45万元。

9月4日上午，黄胜开车带“杀手”熟悉了资阳城区内街道路线。下午3时许，朱家东将“奇奇”在陶然茶楼的情况打电话通知了黄胜。黄胜将郑银春的电话号码给张志后，让其到茶楼盯梢。下午6时左右，“奇奇”下楼遇见李某，二人遂在街边摆谈。张志立即将此情况通知了郑银春等人。郑银春开车迅速赶到茶楼附近，“奇奇”正在摆谈地点，李月刚、刘洪兵、李俊3人各持一支5连发霰弹猎枪冲向“奇奇”，并连续击发，当场将“奇奇”和李某打死，路人王某被击伤。枪杀之后，4人驾车逃跑。

9月7日，于某学将45万元酬金送至内江交给了4名“杀手”。

“9·4”案发后，于某学雇用的杀手先后落网，于某学闻风潜逃，久捕未获。2000年9月13日，资阳公安机关接到南京铁路公安处协查通报：南京火车站派出所抓获了一名形迹可疑的男子，名叫莫志刚。

莫志刚，“9·4”枪杀案的幕后策划者于某学的手下，随于某学一同潜逃在外。资阳警方将莫的情况通报南京火车站派出所后，南京警方立即组织力量，对莫进行审查。9月15日凌晨，莫志刚如实交代：于某学于5月11日从资阳乘专车到陕西西安，现已随其在黄山认识的情妇，回黟县宏村情妇家过中秋节了。

当日上午9时许，行动小组民警赶到黟县际联镇宏村，在当地派出所的协助下，行动小组民警在于某学情妇的姑妈家将于某学抓获。

冷血杀手“刘二娃”在逃亡途中不顾民警鸣枪示警，驾车冲关，被击毙在收费亭前。民警从“刘二娃”身上搜出一支子弹已上膛的“54”式手枪，16发子弹，在他的手包里还搜出一枚已打开保险盖的军用手榴弹。已升格为公安部督捕逃犯的郑银春在内江市市中区被警方擒获。

2000年12月18日，资阳市中级人民法院做出一审判决：以故意杀人罪、偷税罪，数罪并罚，判处被告人于某学死刑，剥夺政治权利终身，并处罚金200万元，其偷税所得予以追缴；黄胜、廖忠福、李月刚等人也被判处死刑，剥夺政治权利终身。

在将近一年的侦破过程中，“9·4”专案组驰骋13万余公里，横跨四川、重庆、湖南、江苏、安徽五省市，涉足40多个市、地、县调查取证，先后抓获26名犯罪嫌疑人及涉案人员，击毙一名凶手，缴获各式枪支4支、子弹58发、军用手榴弹2枚及一批赃款赃物。“9·4”打黑战役取得可喜战果，但仍有个别犯罪人员没有落网，仍在危害社会，这其中就有“奇奇”曾经的保镖、号称“四川第一杀手”的涂成武。

十一　抓获杀人魔头

这是一个普通的居民户，住着母子两人。一年前，涂成武利用在游戏厅打电子游戏的机会有意结识了这家的孩子，并以每月 2000 元的价格租住在他家。民警在该出租屋内顺利地收缴了涂成武用于制造屡屡血案的美制华尔特手枪、“54”式手枪、仿“64”式手枪各 1 支，子弹 58 发，其中 30 多发子弹上带有剧毒的氰化钾。

说起涂成武，无论是成都还是资阳，都曾把他称为“头号杀手”，1997—2003 年年初，涂成武伙同他人，流窜至资阳、成都等地，疯狂暗杀 9 人，重伤 2 人。被害人中既有其对手，也有其朋友，更有无辜的人。其杀人手段之残忍，可以说是闻所未闻、令人发指。

涂成武，1967 年出生，绰号“涂牛儿”，曾化名“小谢”“二哥”，初中文化，四川省自贡市人，涂有兄妹六人，涂成武排行老五。

1984年，涂成武顶父亲的班在成都车务段工作。不久就与在成都卫校读书的17岁少女田某相识并恋爱。

如果涂成武踏踏实实工作，正正当当做人，也许会有一个美好的前程。

然而他却不思进取，为了给恋人买金银首饰，居然盗窃铁路物资，1985年因盗窃罪被判处有期徒刑3年。

出狱后，被单位开除的涂成武来到资阳，找到沙石老板“奇奇”，请求予以收留，“奇奇”见涂成武颇有几分杀气，这正是他需要的人，因而收留涂成武做了贴身保镖。

涂成武生性好赌，老板“奇奇”也是赌博的高手，“奇奇”经常带涂成武近在四川省内，远到广东、河南去赌博，涂成武既当保镖又是老板赌博的帮手，老板曾向涂成武提供了上百万元赌资让其陪赌，因此涂成武对老板感恩戴德、服服帖帖、言听计从。

1997年，“奇奇”与当地的王老板为争夺沙石生意产生矛盾。涂成武决定帮助老板“清除竞争对手”。8月2日晚9时许，涂成武将一支手枪放在公文包中，悄悄跟踪王老板至资阳市外西街海峡大厦时，突然从包里拿出枪来，“砰、砰、砰”连开3枪，王老板身中两枪，其朋友周某身中一枪。王老板、周某被送进医院后，均不治身亡。

朋友不还钱，杀后被蒸煮。涂成武与宋某本是道上要好的朋友，经常在一起吃吃喝喝、打牌赌博。宋某手气不好，经常是输多赢少，输了没钱就向涂成武借，很多时候借了又不还，久而久之，涂认为宋某借钱不还，还经常让他在朋友面前下不来台，就有心要除掉这个令他讨厌的人。

1998年4月底，涂成武将宋某骗至成都二环路西三段利讯宾馆客房里，在宋某刚刚进屋毫无防备的情况下，突然拔出猎刀，疯狂地向宋某胸、背部连刺数十刀。杀死宋某后，涂与周吉忠（因犯故意杀人罪后被处决）用菜刀和锯子将尸体分解成若干块，拉到资阳周吉忠的暂住地，将宋某的头部和手掌进行蒸煮，并将其他尸块抛于简阳市石盘镇龙泉湖中。

为主子报仇，枪杀无辜。1999 年 9 月 4 日下午 5 时 50 分，有歹徒在资阳市区和平路枪杀“奇奇”，“奇奇”是涂成武的靠山、财神，“奇奇”被杀，感恩戴德的涂成武听闻可能是于某学雇用人干的，决定为“奇奇”报仇干掉于某学。

1999 年 12 月 16 日晚 8 时许，涂成武戴上墨镜，与周吉忠一起冲进资阳市雁江镇河心街经典茶楼，取出手枪、猎枪，向于某学等人连开数枪。于某学中枪倒地时，认出了涂成武，大呼涂成武的外号“涂牛儿”。于某学身受重伤，无辜的曹某当场身亡。

此后，涂成武又怀疑“奇奇”被杀与朱某有关，因此决定除掉朱某。

2000 年 4 月 1 日晚 10 时许，朱某与刘某、陈某打完牌后，走到资阳市和平路北段火车站十字路口时，受涂指使的唐杰瞄准朱某、刘某、陈某连开数枪，致 3 人当场死亡。警方在调查于某学被枪击一案时，确定了涂成武犯罪嫌疑，涂成武被网上通缉。

清除异己，杀害同党。2001 年年初，涂成武对前述枪杀朱某、刘某、陈某的心腹同党唐杰产生了怀疑。涂认为，唐杰枪杀朱某、刘某、陈某后，被警方追得紧，躲藏时经常要求涂某给钱做生活费。失去“奇奇”这个靠山、自身手头拮据的涂成武觉得唐杰很讨厌，而且经常联系自己，自己很可能因他暴露。杀人不眨眼的涂成武决定：为了保全自己，必须除掉这个碍手的“兄弟”！

2001 年 3 月 4 日，涂成武邀约两个心腹入住杀死宋某的那家宾馆。次日下午，涂成武将唐杰骗来宾馆，刚刚走进客房，涂成武等

3人便分别持猎刀、剪刀、铁锤蜂拥而上向唐杰扑去……唐杰拼尽最后一口气惨叫了一声“杀人了”，宾馆保安及服务员闻讯纷纷赶来。涂成武等3人扔下作案工具，逃离宾馆，唐杰倒在血泊中气绝身亡。警方调查，确定此案系涂成武等人所为。

别出心裁，色诱杀人。2001年下半年，涂成武得知道上的朋友闫某与杨某有矛盾后，窜至成都双流，打算杀掉杨某。

却说2001年年底，在双流县杨某开的卡拉OK厅里，一名美丽的女子几乎每天晚上都来这里喝闷酒，时间已长达一个月。

一天晚上，女子对服务员说：“能不能请你们老板出来喝一杯?”杨老板应邀而至。女子自我介绍说她叫杨小红，说起来杨姓是一家，所以她叫杨某大哥。

在酒精的作用下，面容姣好的杨小红脸上泛起灿烂的桃花，顿时勾得杨老板神魂颠倒，几杯酒下肚杨老板与杨小红便相谈甚欢，约定就近租房，以便“兄妹”时常接近。

杨小红住到出租房后，自然经常到卡拉OK厅陪杨老板喝酒唱歌，一来二去，两人感情日深，心里都泛起心照不宣的涟漪。

2002年1月11日下午，杨小红没像往常那样去卡拉OK厅陪杨老板喝酒唱歌，而是给杨老板发了一条短信，说：“哥，妹子心头有点儿不舒服，不来陪你了。好想你!”

杨老板接到短信，赶忙给杨小红打电话，问她哪里不舒服，他马上来看她。杨小红故作不想麻烦“哥”，嘴上却说她在出租房里，不想起床。杨老板说你别起床，他马上过来。

令杨老板始料不及的是，当他来到出租房，刚刚进门，屋内便蹿出两个持枪男子。杨老板情知不好，转身欲逃。“砰”！一名男子先开了一枪，另一名男子随即上前，对准杨老板的头部又是一枪，杨当即毙命。打死杨老板后，两名男子和杨小红一行三人从小区大门迅速逃走。

杨老板直到第二天早上都没回家，家人寻找发现杨老板在杨小红的出租房内已被人打死，随即报案。

2002 年 5 月 27 日晚，成都市牛市口“凝聚歌城”发生枪案，一男子被打成重伤。凶犯行凶后乘车逃逸。凌晨 2 时，成华公安分局巡警大队三中队巡警何晓雨与 3 名队友在万年场抗日英雄纪念碑旁设点堵截，查验到被堵截的第 8 辆轿车时，轿车内一名男子突然开枪射击，巡警何晓雨中弹壮烈牺牲。其余巡警果断开枪，击毙了开枪歹徒，车上另一人被生擒。

被生擒的人叫唐昌龙。据其交代，他和被打死的刘涛都是资阳人，受人雇用充当杀手，这次到成都杀人，使用的枪支则由资阳上网通缉的杀手涂成武提供。

经枪弹鉴定，枪杀巡警何晓雨的枪支居然是 1 月 11 日双流的杨老板被枪杀时其中的同一支枪，由此证明，杨老板被杀也是涂成武等人所为。

通缉、抓捕涂成武一直在艰难进行。2002 年 12 月 1 日四海公司枪击抢劫案发生后，资阳专案组结合涉枪案件，与成都警方同时把涂成武列为重大嫌疑，两地警察联合办案，加紧了对涂成武的追缉。

涂成武于 1987 年刑满释放后即到资阳谋生，在资阳有较广泛的社会交际网。

对此，资阳警方从涂成武的社会交际网入手，广泛发动群众提供涂成武的活动线索，获知涂成武服刑前与一个卫校少女田某恋爱时，与该少女的中学同学黄某相识。涂成武判刑后，卫校少女田某与之断绝了关系，但据卫校少女反映，涂成武可能与该少女的初中同学黄某有联系，黄某家住资阳，涂成武刑满释放之所以到资阳落脚，多半与黄某有关联。

调查黄某。黄某出生于一个民警家庭，高中毕业后在某银行工作。工作不久，黄某违规贷款 40 万元，被开除，之后与家庭产生矛盾，几乎与父母决裂而失去联系。

深入调查，黄某竟然到远离资阳的甘孜州 318 国道旁的一个小镇开饭店当了老板，办案民警找到黄某时，她已为人之母，有一个 2 岁多的儿子了。但黄某丈夫是谁，却无人知晓。

调查黄某父母，其父母十分气愤，声称已与女儿断绝关系多年，女儿现在何处、与什么人生了儿子等一概不知。

对黄某进一步调查，黄某到这个小镇开饭店当老板，当地人几乎不知道她的来路，她虽然有儿子，却没有多少人见到过她的丈夫，即使有人见过，也是偶尔一见，且来去匆匆，根本没有什么印象，闹不清其丈夫是什么人。

专案组民警分析，黄某神秘的丈夫极有可能就是涂成武。

为了不打草惊蛇，专案组民警想方设法接近黄某，企图从黄某嘴里了解一些关于其丈夫的情况，但黄某却十分谨慎，不予吐露丈夫的丝毫情况。

专案组于是采取了两个方面行动：一方面，在黄某饭店周边物色监控人员，随时监控饭店动向；另一方面，向饭店安插打工服务人员，接触黄某，从蛛丝马迹中探知黄某丈夫的线索。

历经一个多月的监控没有收获，打工服务员也没有探得黄某丈夫的任何情况。但欣喜的是，服务员还是从蛛丝马迹中捞到一丝线索：黄某与一个姓余的女子有联系。

对此，专案组对余姓女子展开大海捞针式的调查。2003 年 4 月底终于在成都找到了余姓女子，将其秘密抓获。经审理，这个余姓女子正是涂成武指使、谎报姓名以色相引诱、杀害双流的杨老板的帮凶“杨小红”。

杨小红真名余德红，系涂成武表妹。

据余德红交代，她受表哥指使，化名杨小红接近杨老板，表哥给了我大概三万元钱，要我租房子，另外还给我买了两张电话卡，单独联系。后来，表哥说他和杨老板做生意之间有债务纠纷，让我把杨老板约出来谈还钱的事。之后就发生了杨老板在出租房被枪杀的事情。

专案组决定利用余德红这个线索诱捕涂成武。5 月 8 日，通过余德红相关联系方式，专案组侦查员得知涂成武当天有可能出现在成都的喀秋莎宾馆。侦查员们随即秘密潜入该宾馆，守株待兔。

鉴于涂成武随身携带枪支、杀人成性的特点，专案组请求成都警方给予支持配合，成都警方派出特警队赶往抓捕现场喀秋莎宾馆，而此时潜入宾馆的侦查员们已各就各位，不动声色地守住了宾馆的各处通道。

查看登记记录，侦查员发现涂成武在前台共开了三个房间，分别是 506、509 和 511。神兵天降，涂成武在 511 房被擒。

一向认为没人能抓到自己的涂成武，怎么也想不明白他为什么会突然落网，面对如同神兵天降的警察，他居然无奈地说了一句“算我认栽”！

与涂成武一同“被抓”的还有一名女子，此人正是警方特意安排诱捕涂成武的余德红。

狡兔三窟的涂成武开了三个房间，其落网后在他开的三个房间里却没有找到枪支。

涂成武不可能没有枪。专案组对其展开审讯，在警方掌握的大量事实证据面前，涂成武最终交代出杀人凶器藏匿在简阳租住的一处居民房内。侦查员们连夜奔赴简阳市花园种子公司的居民房。

这是一个普通的居民户，住着母子两人。一年前，涂成武利用在游戏厅打电子游戏的机会有意结识了这家的孩子，并以每月2000元的价格租住在他家。民警在该出租屋内顺利地收缴了涂成武用于制造屡屡血案的美制华尔特手枪、“54”式手枪、仿“64”式手枪各1支，子弹58发，其中30多发子弹上带有剧毒的氰化钾。

为了将涂成武的同伙一网打尽，警方再次在喀秋莎宾馆巧妙设伏，等候与他一道枪杀杨老板的最后一个同伙刘诗兵的“光临”。随即刘诗兵也被擒获。至此，涂成武系列杀人案成功告破。

然而令人遗憾的是，涂成武交代了杀死9人、杀伤2人的犯罪事实，但却与“12·1”案没有丝毫关联。审讯民警一再期望从涂成武的交代中获得一点关于“12·1”案的线索，涂成武对此却是毫无所知。

办案民警对此始终不甘心，一再“苦口婆心”给涂成武做工作，希望能从涂成武那里掏出一丝关于“12·1”案的有效线索，涂成武明白民警的意思，非常“坦诚”地说，他杀了9人，绝对是死罪了，他没必要还隐瞒什么。他确确实实没有作“12·1”案，也确确实实不知道“12·1”案的丝毫线索。

涂成武说，他作恶多端，走上了不归路，要么被“道上”的人弄死，要么被警察抓获，他去双流杀死杨某，就是想为妻儿留条后路，替闫某除掉杨某，以此获得闫某今后对其妻儿的照顾。除掉杨某后，涂成武还去告诉闫某，说他已经帮闫某除掉了杨某，希望闫某将来多多照顾其妻儿。谁知闫某并没有要除掉杨某的意愿，责备涂成武不该滥杀无辜，涂成武为此“枉背了一条血债”。

涂成武，这个号称“四川第一杀手”的罪犯，最终落网了，专案组为保一方平安付出了艰苦努力，然而非常遗憾，震动公安部的“12·1”案却始终还是一个没能破解的谜。

十二　翻查老案、积案

李田成仍在做垂死的反抗。民警与之顽强搏斗，把他按倒在地。但是李田成继续挣扎和反抗，魏建军、王世忠两人的膝盖在水泥地上被磨去了粗皮、磨出了鲜血。随着时间的推移，两名民警都已精疲力竭了。

前述杀人恶魔涂成武落网，自然是罪有应得。

为侦破“12·1”案寻找相关联的蛛丝马迹，专案组不得不翻查若干老案、积案，从老案、积案落网在逃人员中寻找线索，其中之一的杀人恶魔李田成被摆上桌面。这个团伙第一起杀人惨案则发生在1996年。

1996年1月28日，对于茶馆老板刘顺清来说绝对是一个血雨腥风的日子。

资阳市丰裕镇场街上一家茶馆。

茶馆虽然不大，生意却很红火。每天一大早，老板刘顺清便忙着捅开炉子，准备开水，摆开桌凳，恭迎来客。腊月的乡场，天冷，人们闲着无事，都到茶馆来坐，打牌搓麻将，下棋看录像。

突然，正在忙于给客人斟茶倒水的刘顺清愣住了，脸上的笑容突然凝固，一种不祥的预兆直冲脑门："李，李老弟，请这边，这边坐……"刘顺清强作笑脸，赶忙招呼来人。

"你们统统出去，全部都滚！"

被称作李老弟的人，名叫李田成，23 岁，资阳市忠义镇访弘村 17 社人。此时，他腰别一把火药枪，手提一把长砍刀，眼露凶光，带着董子兵、李中军、刘云波等一帮提刀舞棒的家伙，杀气腾腾、凶相毕露地冲进茶馆，喝茶的人们经这帮人一吼立马纷纷外逃。

刘顺清情知不妙，转身想跑，却被李田成横刀挡住。

"李中军守住前门，学学、波儿你们守住后门，任何人不准进来！"李田成吩咐。

李中军和被称作"学学"的董子兵及被称作"波儿"的刘云波握刀在手，前后把门堵住。

"说吧，你为啥子要到派出所去告老子？"李田成双眼瞪得牛卵一般大，"你给老子跪下！"刘顺清不跪。"你还敢跟老子作对，老子今天要你屁股朝天！"

随着话音的落地，李田成高高地举起砍刀，重重地砍在刘顺清头上、身上，刘顺清"哎哟"了两声，顿时就倒在血泊中。

李田成一伙走出茶馆，刘顺清的"哎哟"声又把李田成"召"了回来，连连几刀，刘顺清便一命归西，再也没有"呻唤"了。

茶馆对面，李田成走过去，冲卖肉的胖屠户说："刘顺清是我李田成杀的，你娃娃有摩托车，跑得快点儿，你可以去公安局报案。不过，我要晓得是你娃娃报的案，老子就杀死你全家！"说完，把砍刀往肩上一扛，带着同伙，大摇大摆扬长而去。

来到一个山下的洞口，李田成、董子兵等猫腰钻了进去。这之前，他们早已把刘顺清 19 岁的儿子刘军五花大绑弄进了洞里。此刻刘军被不干胶封住嘴巴，正等待死神的来临。

“你老子已经见阎王去了，你也去做个伴吧！”李田成、董子兵挥刀乱砍乱刺，刘军连“哼哼”的权利都因不干胶封嘴被剥夺而追赶他父亲的冤魂去了。直到一个多月以后，人们才在山洞里发现了已经腐败的刘军的尸骨。

屠杀并没有就此完结。因为抢劫犯罪被公安机关追得东躲西藏的李田成，怀疑是同乡刘顺清一家举报了他，他要斩尽杀绝。杀了刘顺清父子，李田成一伙又把屠刀指向了刘顺清的弟弟刘永贵。

2 月 8 日上午，李田成及其同伙易田元，将正在帮人修造房屋的刘永贵公然挟持到一个山坡上，不顾刘永贵的磕头跪求，残忍地将刘永贵杀害在沙沟里。

一时间，杀人魔王李田成的淫威弥漫了资阳城乡，搅得广大群众人心惶惶。

李田成系列杀人案，被四川省公安厅列为重要案件，省公安厅刑侦处副处长刘长朴等赶赴资阳，研究部署追捕罪犯，要求资阳公安，坚决严惩！必要时，可由省厅调动武警围剿，发现李田成，可当场击毙！

受命追捕李田成的公安民警，调查中却遇到了前所未有的困难。因为有刘顺清一家的血腥“教训”，村民一看见民警，便都纷纷躲避，许多人虽然了解李田成的罪恶，但却惧怕李田成报复而不敢报案。早在李田成实施系列杀人之前，公安机关就掌握了李田成在忠义、丰裕等镇乡犯下的滔天罪行。

读初中时，李田成盗窃耕牛受到治安处罚。1992 年因盗窃受到法律制裁。1993 年 10 月，大白天又公开强奸一名不满 14 岁的幼女。1995 年 3 月 12 日晚，伙同他人盗窃个体工商户刘成全现金 1600 元及价值 7500 元的布匹。1995 年 5 月 9 日，持火药枪、菜刀等，抢劫丰裕镇华山村 3 社村民宋泽舟现金 650 元。1995 年 8 月 13 日晚，伙同刘文等人，持匕首等凶器，窜到忠义镇云台村 14 社王用彬家，将王用彬的二哥王用武捆绑毒打，搜走王用彬裤包里现金 600 元。接着又将王用彬之妻曾某某和王用武押去贷款 1000 元，还不满足，又将曾某某扣作人质，逼王用武去借了 1600 元才放了曾某某。1995 年 9 月，一名外地走亲戚的年轻女子，因迷路被李田成、刘文等人在光天化日下按倒大路旁轮奸。

偷鸡摸狗，逮猪窃羊，更是李田成的家常便饭，仅 1995 年，李田成就与同伙采用电烧、毒杀等手段，盗窃忠义、丰裕两镇数十户村民肥猪 30 余头。有的村民明知系李田成一伙所为，却害怕被报复，根本不敢报案，尤其是刘顺清一家三口被害以后，村民更加惧怕李田成。

正是李田成的凶残，使村民十分恐惧。民警便衣扮作镇干部、小商小贩，甚至扮成乞丐秘密接触走访群众，却收效甚微。村民每当听到这些“陌生人”口里冒出“李田成”的名字，立即敏感地意识到又是公安民警，不少民警因此还遭到臭骂。刑警大队和忠义、丰裕、迎接等镇乡派出所及各级党委、政府，调集了大量人力，围绕李田成各种社会关系，追踪觅迹到山西、成都、绵阳、德阳、江油、崇州，前后寻觅三个多月，并在资阳周边市县及有关市地州布下天罗地网，却未捕捉到李田成的任何踪影。追捕工作，几乎陷入绝境。

其实，李田成并未远逃。“1・28”惨案以后，他与同伙白天就躲在杀死刘军的山洞里，晚上出来，沿着成渝铁路跑了一个通宵，天明到了四十多公里外的资中县顺河场，然后坐公共汽车赶到资中，在一个同伙的朋友家里躲了五天，之后便分散各自奔逃躲藏。

十余天后，李田成独自回到资阳，其非法同居的姘妇余某某已为他准备了800元钱，他携余某某再次逃到资中，准备租房住下，未果，后又逃到成都、广汉、德阳等地。

当初，余某某目睹了刘军被丢进山洞并被杀害，李田成杀人以后，叫她到资阳筹集一点儿钱准备外逃，那800元就是她亲自筹划来的。在那几天里，如果她勇敢地向公安机关报告，李田成一伙肯定会及时落网，可是她没有那么做。她没那个胆量，她怕报复，怕李田成杀了她全家。

5月17日，逃到德阳躲了近两个月的李田成再次叫喊余某某搬家，于是，他们来到了新都县新繁镇。

尽管李田成如惊弓之鸟，东躲西藏、飘忽不定，但他并没有金盆洗手。而是在潜逃过程中，利用便利的交通条件，仍然频频窜回资阳进行犯罪活动。

5月25日，他伙同刘文、黄佳七等，窜到迎接镇龙凼村4社信贷站信贷员刘思友家，将刘思友夫妇按倒在地，强迫其跪着不准动，然后撬开桌柜、打开保险柜，抢劫现金1700元，并满屋乱搜，翻箱倒柜达一个多小时。

5月17日晚，李田成及其同伙黄佳七等人窜到林世成家，抢劫信贷款4500元，并警告林不准报案，如果报案，刘顺清一家就是他家的下场。林世成害怕李田成再来抢劫，便到镇合作基金会说明情况，要求辞去信贷员职务，恰被派出所指导员张荣根知道了，林世成害怕派出所追查李田成而招来杀身之祸。因此，林世成夫妻双双来派出所哀求不要追查李田成。尽管派出所再三表示，保证林世成全家的安全，林还是举家逃难去了（尽管后来李田成已被警方击毙，但其同伙黄佳七还未落网，林世成一家即长期避难在外，多年一直不敢归家）。

李田成伸向资阳市郊的魔爪，更是凶暴残忍、触目惊心。6月初的一天晚上，一对中年男女，夜晚在凤岭公园玩耍，李田成一伙撞见后即将其捆绑，抢劫金首饰、现金总价值达3500元，男子还被刺了数刀，女子则被轮奸。不过两天，一对年轻恋人在凤岭公园骑摩托车玩耍，李田成一伙不仅抢劫了二人的钱物，同样对女子实施了轮奸。

6月10日，就在下文将要叙述的刑侦民警对李田成的租房地进行控制的时候，李田成仍在疯狂作案。这天晚上，他与同伙竟将资阳市某企业总经理公然从办公大楼挟持到野外，绑于树上，抢走该总经理数百元现金和当时价值万余元的“大哥大”、BP机等。

从5月底到6月10日，李田成一伙在资阳市郊，多次抢劫游客，并对女性实施强奸、轮奸。李田成深重的罪恶，罄竹难书。

李田成的疯狂，激起资阳公安民警的极大义愤。数十名民警深入乡村，日夜开展调查。

6月7日，从彭州市公安局传来一条重要信息，新繁镇有个叫李老五的资阳人，自称在资阳杀过人。该人行踪不定，线索也很模糊。

事不宜迟，时任刑警大队长邓荣成带领民警魏建军、王世忠立即奔赴新繁镇。新繁镇派出所所长许国杨当即搬出暂住人口登记簿一一查核，一个令人振奋的名字跳了出来——余某某，资阳市丰裕镇方山村人，这正是李田成的情妇，暂住地新繁镇金龙村二组，房东何洪安。暂住登记时间：5月17日。同行人，男，无姓名，无照片。这个男性同行人无疑就是李田成。

专案民警有一种预感，魔鬼的末日就在眼前。但经过两天的艰苦努力，专案民警除掌握了李田成情妇余某某一些线索外，却未发现李田成的踪影。

6月11日上午9时许，监控民警发现李田成的情人余某某趿双拖鞋，兴致勃勃地在一家冷饮店露面，打了一下招呼，然后走进旁边一家理发店理发。

根据前两天余某某都是下午5时以后才出现，而且神情郁闷，今天却是上午出现，而且很高兴的样子，民警分析，可能是李田成回来了，给她带来了“欢乐”。

民警王世忠立即前往余某某租房附近查看，据其附近的一位退休老干部反映：早晨，他看见一个小伙子，个子挺高，在租房院坝里晃了晃就不见了，看样子应该是前些日子来了走、走了又来的那个小伙子，估计现在还在家睡觉。

王世忠立即向邓大队长报告了这一情况，王世忠、魏建军留在老干部家继续监视，以防那个小伙子出去。邓大队长立即调来了新繁派出所治安员杜泽兵，请其以督促办理暂住登记的照片为名去何洪安院子查看一下虚实。杜泽兵去了没多久回来报告，确实有个小伙子，正在院坝里甩胳膊踢腿地锻炼身体，杜泽兵去后，那人还给他递了一支烟，小伙子个子挺高，只是长相跟民警所持有的照片差别较大。

邓大队长立即脑海里打了几个转转，分析认为，李田成对余某某管理得极严，绝不允许余接触其他异性，余绝对没有胆量把其他男人带回租房。院子里出现的小伙子，百分之百是李田成！

专案民警决定，悄悄尾随着离开理发店往租房走去的余某某来到其房东何洪安的院子外边，余某某走进屋去，一个光膀子的小伙子还在院坝里，甩胳膊踢腿地锻炼，民警顿时把心都提到嗓子眼儿了——这人正是李田成。

大家一致认为，李田成锻炼以后，可能又要离去。他现在光着上身，看得出并无凶器，如果突然出击，打他个措手不及，一定能手到擒来。

邓大队长当即决定动手。分工的任务是，魏建军、王世忠对付李田成，邓大队长、杜泽兵控制室内其他人，如果室内问题不大，邓大队长再踅身对付李田成。

“千万注意手中的家伙，保证自身安全！”大家互相叮咛。

分工已定，四名天兵像下山猛虎，呐喊着“不准动”冲进了院子。

魏建军右手提着微型冲锋枪，左手猛地锁住李田成脖子，王世忠则扼住李田成胳膊，使劲往后撇。

与此同时，邓大队长和杜泽兵冲进屋里，将余某某和屋里另一名男子逼到墙边，勒令这一男一女“不准动”。

天井里，展开着殊死搏斗。

身高 1.70 米、体重 170 多斤的李田成，力大如牛，加上他光着膀子，浑身汗渍渍的，滑得像条泥鳅。他拼命反抗，又撕又咬。搏斗进行到屋子里，压到床上，“哗啦啦……”床给压塌了。

“砸！”邓大队长怒吼，王世忠腾出手来，一枪托砸在李田成头上，他瘫软了一下，还没等民警给他戴上械具，他又缓过劲来，继续反抗。

搏斗，又进行到天井里。魏建军手上、身上被抓伤、咬伤十几处，但他忍着伤痛，锁住李田成脖子的左手自始至终都没松开。

“小杜，控制屋里的人，谁敢乱动就开枪！”邓大队长冲出屋子，向李田成扑去。

恰在这时，李田成正拼命扑向墙边几只啤酒瓶，邓大队长手疾眼快，飞腿把啤酒瓶踢飞，并顺手抓了一把蜂窝煤的煤灰，迎面往李田成脸上抹去。

“啊——！”李田成狂喊乱叫，扑倒在地。他嘴里喊着：“老子不活了，老子死定了，老子死定了，余某某，你把娃儿带大，老子不活了……”

李田成仍在做垂死的反抗。民警与之顽强搏斗，把他按倒在地。但是李田成继续挣扎和反抗，魏建军、王世忠两人的膝盖在水泥地上被磨去了粗皮、磨出了鲜血。随着时间的推移，两名民警都已精疲力竭了。

这时，垂死挣扎的李田成竟然站了起来，企图朝屋檐角搁菜刀的地方扑去。

“开枪！”在千钧一发之际，邓大队长果断命令。“嗒嗒嗒……”一梭愤怒的子弹从李田成臀部穿裆而过，这个杀人恶魔终于倒地被擒。

一场残酷的殊死搏斗，足足进行了 20 多分钟。当给李田成的同伙——屋子里那名男子邹富安戴上械具后，魏建军、王世忠均已精疲力竭，瘫倒在地。

自知罪孽深重的李田成，在医院里朝医生吐痰、撕咬辱骂护士，一次又一次挣掉输液针管，拒绝治疗。

当晚 9 时许，这个杀人魔鬼终因失血过多，不治而亡，结束了他罪恶的人生。

李田成死了，其同伙畏罪纷纷外逃。资阳警方乘胜追击，先后在重庆、攀枝花、龙泉驿等地抓获了李田成的同伙李中军、刘文、易田元。

之后，这些犯罪分子均被判处刑期不等的徒刑，受到了法律应有的制裁。

然而，参与抢劫杀人的李田成的同伙董子兵及多次参与抢劫的黄佳七却继续在逃，踪影全无。

1996年12月，原资阳市检察院批准对董子兵逮捕，资阳警方采取种种侦查措施，想尽千方百计，一次又一次突袭董子兵可能落脚的处所，但都因线索不确定而扑空。警察和匪徒相持“鏖战”4年多时间，始终没有抓住匪徒的尾巴。一时间，董子兵好像从资阳这块版图上蒸发了。

时间流淌到2000年4月30日，资阳市郊东岳山公园附近，一个叫李波的人被枪杀在草丛中，警方展开侦查，获悉该案系徐仁贵、董子兵等人所为。

十三　专案组继续深挖

抓捕组继续往山上爬行。因为目标就在山上，大家心里都异常激动，为防止暴露民警不能沿路而行，只能顺路旁草丛隐身而进。摸到工棚附近后，按照分工派出所所长木乃列布及抓捕民警率先冲进工棚。民警们齐声吼道“不准动”，几支黑洞洞的枪口齐齐地对着正在目不转睛地看电视的董子兵。

随着人间蒸发多年的董子兵浮出水面，另一个犯罪团伙的案卷，又被“12·1”案专案组摆上了桌面。仔细梳理董子兵案，不是为了展示该案多么错综复杂，而是期望从中找到一丝与“12·1”案有效的线索。

案件源于2000年10月14日。这天凌晨2时左右，资阳市外东河街机械加工个体户李万治、刘素菊夫妇被人杀死在卧室床上。半夜时分，隔壁房间的李母曾听到响动，大声问：“你是哪个?”“不准吼，吼就杀了你!”几条黑影靠近床前，捂住李母的口鼻，李母被震住，一点儿不敢出声。

另有两条黑影猛地冲进李万治夫妇的卧室，不问青红皂白朝床上睡着的李万治夫妇就是一阵乱刀，夫妻双双倒在血泊中，很快气绝身亡。被杀时李万治夫妇曾发出惨叫，左邻右舍的邻居听见叫声，纷纷询问，沸腾的人声遏制了歹徒继续作恶。

“搞不到东西了，赶快走!”歹徒相互招呼，迅速逃之夭夭。

从恐怖中捡了条老命的李母下得床来，摸到儿子儿媳卧室，拉亮电灯，眼前的惨状令李母惊恐万状。“来人啦，杀人啦，杀人啦!”李母扑到阳台上，一头晕了过去。

接到报警，资阳市公安局及雁江区分局刑侦、技侦民警迅速赶到了现场。李万治夫妇已毫无气息。勘验工作有条不紊地进行。

民警现场勘查，找到一部手机。通过查询通话记录，查明这部手机不是李万治夫妇所有。

通信记录显示，手机机主系某单位工作人员。立即找到该工作人员刘某，刘某称，日前他遭到歹徒袭击，被抢了现金数百元，那部手机也被抢了去。考虑到经济损失不大，就没有报案。又因为手机充值话费不多，也就没打算向有关方面申请报停，没想到歹徒会携带手机作下这等惨案。刘某说，他以身家性命担保，他绝不会干出入室抢劫杀人的勾当!

刘某的话并不能轻易相信。专案民警对刘某有无作案时间进行了仔细核查，其作案的可能性基本排除。但那部遗落现场的手机仍然是侦破“10·14”抢劫杀人案的重要线索。

查询通话记录，手机显示，案发前一天，有一个打往宜宾的电话，通话时间长达8分40秒。

民警分析，通话人之间关系一定比较密切，否则通话时间不会那么长。

警方决定，立即奔赴宜宾，寻找通话人！

专案民警赶到宜宾时，已是10月14日下午3时。在宜宾警方的协助下，专案民警找到了与手机通话的那个电话机主。

这是一家杂货铺，系公用电话。

机主说，每天前来打电话的人很多，有认识的，更多的人却不认识。好在手机上显示打电话的时间并不远，民警希望机主仔细回忆10月12日这天有没有比较熟悉的人来打电话，并且通话时间较长。

机主努力回忆，终于想了起来。他说，离杂货铺10米远的理发店有几位小姐常来打电话，也许那个通话时间较长的电话是理发店某位小姐所打的。

理发店有四五名美容小姐，经询问，她们均不承认近来与外界有电话联系。民警反复给理发店老板做工作，希望其协助公安机关，老板想了又想，终于想起一个情况。老板说，店里有名周姓小姐，七八月时曾与外地来的一名帅小伙打得火热，但不知道那名小伙子是哪里人，也不知道其姓甚名谁。

立即询问周小姐，周拒不承认与外地小伙子有联系，也不承认和外地小伙子的交往。经研究，专案民警决定对周小姐依法盘查。在周小姐的坤包里，民警查到了一个通信录，经对通信录一一审核，一个熟悉的名字跃进了民警眼帘——徐仁贵。

“徐仁贵是你什么人？”民警突然严厉质问。周小姐本能地惊了一下，从民警的神态里，她似乎感觉出徐仁贵这个人有什么问题。她有点儿害怕了，不得不承认她和徐仁贵的关系。

她说，两个多月以前，有个帅小伙子来理发，相互摆谈起来，就好上了，知道了那个小伙子叫徐仁贵，资阳人，两人一见钟情，就同居了。走时，徐仁贵留下了传呼号码，前天（10月12日），她想念徐仁贵，就给他打了个传呼，徐仁贵回电话时两人摆谈了八九分钟。她邀徐仁贵到宜宾来玩，但徐仁贵说他最近忙，暂时不来，如果要来宜宾，事先会和她联系。

周小姐提供的情况，无疑给了专案民警极大的振奋。因为专案民警心里都十分清楚徐仁贵是什么货色。那是命案在身的督捕恶魔。

小学文化的徐仁贵，家住资阳市雁江区宝台镇飞虹村 14 组。1997 年，21 岁的徐仁贵认识了邵英并与之同居，致邵英怀了身孕。不久，徐仁贵因抢夺罪被判两年有期徒刑，邵英即打掉胎儿，另与他人同居生育一子。

1999 年 7 月，徐仁贵刑满释放，又来纠缠邵英。邵英说，她和男朋友已生了孩子，并组成家庭，希望徐仁贵放过她。但徐仁贵说，邵英以前是他的，他坐牢去了，邵英打掉了胎儿，做了对不起他的事，他不计较，现在他回来了，邵英必须回到他身边来。

徐仁贵警告邵英的男友，赶快滚蛋，否则没他好活。邵英的男朋友是个怕事的人，只好和邵英“拜拜”。

邵英无可奈何，只好又和徐仁贵同居。徐仁贵给邵英规定，不准她再和别的男人来往，如果有来往，他就要那男人的命！

谁知没有多久，一起可怕的命案真就发生了。

徐仁贵有个哥们儿叫李波，某单位职工，因夫妻关系不和，颇感寂寞的李波便和徐仁贵交上了朋友，打牌赌博、偷鸡摸狗，几乎是形影不离。2000 年 3 月左右，徐仁贵因为犯了点儿事，出门躲了一段时间，回来后，便听其他哥们儿说起李波与邵英关系不正常，好像有点儿那方面的事。

这还了得，“朋友之妻不可欺”，把邵英当作自己专有“使用品”的徐仁贵，听说李波竟做出有损朋友的事，顿时气不打一处来。于是，他便暗中观察，瞅机会准备收拾李波。

4月30日，机会终于来了。这天下午，有人告诉徐仁贵，李波又把邵英叫走了。徐仁贵当即到处寻找，得知邵英和李波在某茶馆打牌，徐仁贵便叫了董子兵等哥们儿，携带火药枪、尖刀等来到茶馆，劈头就在邵英头上打了几枪托，大骂邵英是烂货，然后又要邵英叫上李波到外边去把事情说清楚。

李波心想，他并没和邵英做什么，况且和徐仁贵关系又很好，不会出什么大事，便乖乖地跟着徐仁贵等人来到城郊的东岳山上。

在一片树林里，徐仁贵不管三七二十一，首先勒令李波跪下。李波说："徐哥，有话好好说，大家弟兄，何必这么生疏嘛！"

"少啰唆！"人高马大的徐仁贵，摁住李波的双肩，在其脚后猛地一踹，李波便负痛跪了下去。徐仁贵把火药枪递给邵英，叫邵英打李波。邵英说："我不敢。"

"打！"徐仁贵硬把枪塞给邵英，并握住邵英的手向李波开了一枪，但因邵英吓得发抖，开枪时偏了一下，没有打中，听见枪响，李波吓了一跳，然后拔脚就跑，徐仁贵、董子兵等人追上去，尖刀乱石齐下，李波顿时倒在血泊中，一命呜呼！

案件发生后，警方经调查，很快确定了徐仁贵、董子兵等人有重大作案嫌疑，四川省公安厅把其列入"督捕"名单。徐仁贵被警方追缉，东躲西藏，居无定所，一段时间内踪影全无。

现在重新回到"10·14"案件侦破中。

2000年10月15日下午，在宜宾的民警充分利用周小姐这条线索，立即制定了缉拿徐仁贵的周密方案，动员周小姐协助警方，不断地和徐仁贵联系，探寻和牵制徐仁贵的行踪。资阳方面，则积极采取布控措施，伺机抓捕。

当晚9时许，恶魔终于有了音信。通过周小姐不断的传呼，徐仁贵终于回电话说，他目前在资阳，最近几天还有点儿事情要办，办完了就应周小姐的邀请前去宜宾玩。

徐仁贵所打电话，显示区域在资阳外贸花生厂一带，刑警大队教导员马炳远接到指令后，带领刑警王显清、吴基伟、刘建国立马赶到预定地区设伏。

由于嫌疑对象长相特征不很明确，且地形复杂，不知嫌疑对象出没何处。马炳远将民警分为两组：一组由吴基伟、刘建国把守花生厂前大门；另一组由马炳远、王显清在花生厂背后的小巷口布控。

两路人马严阵以待，只等毒蛇出洞。

“引蛇出洞”的方案仍由坚守宜宾的专案民警巧妙实施。同样是通过周小姐给徐仁贵发传呼，说她想和徐仁贵结婚，并且家里父母已经同意，希望徐仁贵考虑一下回个电话云云。

当晚10时许，资阳建设西路花生厂附近，一名身高1.70米左右、身穿皮夹克、形迹诡秘的年轻人从花生厂背后的巷子里走出来，那人在巷口观察了一下，然后向一家杂货铺公用电话走去。

当时，马炳远、王显清二人恰好离该公用电话不远，来不及通知另一组人马，二人便不露声色地向打电话的年轻人悄悄靠近。

如同惊弓之鸟的年轻人发觉有异，突然放下电话，拔脚就往巷子深处跑。马炳远、王显清箭步冲上去，左右架住年轻人。年轻人来了个“金蝉脱壳”，挣脱皮夹克企图逃跑，马、王两民警奋力将年轻人摔倒在地，年轻人又踢又咬，垂死反抗。两民警与年轻人翻滚了二三十米，手上、脸上留下累累伤痕，搏斗持续再持续，坚持再坚持，20多分钟后终将年轻人擒获。

年轻人在反抗中曾叫喊：“王平，来帮我一把，不帮老子，老子遭了，把你们全都供出来……”年轻人被擒后，民警找到了那个叫“王平”的家，桌子上还摆着没吃完的饭菜和三四副碗筷。显然，“王平”等已闻风而逃。而被擒获的年轻人，正是省公安厅督捕重要嫌疑人徐仁贵。

审讯徐仁贵的工作异常艰难。他开始拒不交代。后来，由于他遗失在“10·14”案现场的那部手机成了他犯罪的铁证，不得不交代了他伙同王平、贺云建（外号“矮儿”）及李建华入室抢劫的犯罪事实。

他说，10 月 13 日，他去花生厂职工王平家耍。王平说，有“内线”看见外东河街的李万治在银行取了钱，晚上去弄李万治家。

当晚夜半时分，徐仁贵、王平、贺云建、李建华携带了一支小口径手枪、一把折叠刀、几把尖刀，来到李万治家门外，爬围墙翻到李万治家，踢门时惊醒了一位老太婆，后又惊醒了李万治夫妇，因为李万治夫妇反抗呼救，他们便动手乱刺乱杀，结果任何东西都没弄到手就匆匆逃离了现场。

徐仁贵说，他万万没想到，公安这么快就把他抓住了。既然抓住了，他只好认倒霉。但他拒不承认“4·30”残杀李波案。为了把“4·30”案弄个水落石出，警方决定传讯“4·30”案知情人邵英，但邵英却在外地打工，下落不明。

警方经做邵英父母的工作，很快得知了邵英的下落。在政策感召下，邵英于 11 月 4 日主动来到公安局，不仅揭发了徐仁贵残杀李波的犯罪过程，还揭出了一起“黑吃黑”的杀人凶案。

1999 年 11 月 28 日晚零时左右，资阳市雁江区迎接镇加油站值班职工刘某某，听得平时认识的一个叫王泽明的朋友叫喊他，说找他有事。刘某某起床开了门，却不料冲进几个歹徒，把他捆绑，抢走加油站营业款 8000 多元。

奇怪的是，案发后，警方根据被绑职工刘某某提供一个名叫王泽明的人去寻找时，王泽明却被人打死了。该案一直久侦未破，邵英无疑给破案提供了一条重要信息。

于是，审讯徐仁贵进一步深入。在无可抵赖的事实面前，徐仁贵不得不交代了他邀约董子兵、贺云建等打死李波的犯罪事实；同时，交代了他与董子兵等人抢劫加油站然后打死同伙王泽明的犯罪事实。

他说，那天晚上，他和董子兵，邀约迎接镇的王泽明，密谋去抢加油站。王泽明和加油站职工刘某某熟悉，就由王泽明骗开了房门，把加油站职工刘某某捆绑、堵嘴以后，抢得现金 8000 多元。三人分赃以后，徐仁贵和董子兵忽然想到，加油站职工熟悉王泽明，罪行一旦败露，可就完蛋了。于是，二人当下暗中商议，得把王泽明干掉，免除后顾之忧。

于是，二人对王泽明谎称干脆转去把加油站那个职工弄死算了，王泽明表示同意。于是，王泽明在前边带路。走着走着，徐仁贵用火药枪在王泽明背后开了一枪将其打伤在地，又与董子兵用刀在王的面部、颈部乱刺，见王死去以后，二人便把王泽明先前所获的赃款搜出来平分，然后匆匆逃离了现场。

至此，迎接镇加油站被抢和王泽明凶杀案真相大白。

根据徐仁贵的交代，警方继续开展工作，积极捉拿徐的同伙，侦破工作正一步一步推向纵深。让人难以置信的是，徐仁贵的同伙，同是杀人恶魔、绰号“矮儿”的贺云建，却在一天夜里奇迹般地栽倒在一名弱女子手里。

2001 年 1 月 26 日凌晨 2 时许，家住资阳市商业街的女青年刘某某，从亲戚家玩耍回家途经川烟路时，两名尾随其后的小伙子，突然一左一右靠近刘某某，一把抢过刘某某肩上内装 1000 余元现金及 BP 机、钥匙等物的挎包，拔脚分头逃跑。

刘某某定了定神，见一个个子较矮的人朝陈家巷而去，她便立即叫了一辆人力三轮车，奋起直追。歹徒逃进陈家巷却不见了人影。

刘某某熟悉当地环境，经观察分析，估计歹徒逃上了一栋居民楼。于是，刘某某请三轮车车夫协助，一同向楼上搜寻。行至半途，楼上下来一个穿白衣服的小伙子，刘某某凭印象识破这人就是刚才行劫的歹徒，遂拦住询问，小伙子先前还狡辩，后见难以脱身，只好承认确实抢了刘某某的挎包，逃到楼上脱去黄色外套打算蒙混过关，没想到仍被刘某某认了出来。

小伙子说，挎包在另外那人手里，求刘某某放了他。刘某某灵机一动，说挎包里其实也没什么东西，主要是有串家里开门的钥匙，希望小伙子去找到他同伴，把钥匙要回来就行了。小伙子表示同意。于是，刘某某叫了一辆出租车，跟随小伙子去找他同伴。

行进中刘某某说，她一个人不敢和小伙子同去，她去打个传呼，叫她妹妹来做个伴。

于是，刘某某下车给读公安学校、放寒假在家的弟弟打了个电话，其弟闻讯立即赶了过来，先将小伙子稳住，随即报了警。巡警和城西派出所民警赶到现场，把小伙了带回派出所一审，这人居然是“10・14”凶杀案重要疑凶之一的“矮儿”贺云建。

在接受审讯中，贺云建不仅交代了“10・14”入室抢劫杀人案，还交代了多起流氓滋事、抢劫杀人案件。警方在深挖余罪过程中，不放过任何蛛丝马迹，竟从不经意的讯问中，又挖出一桩骇人听闻的凶杀案。

惨案发生于2000年6月12日。这天晚上11时许，资中县检察院副检察长的妻子周淑英，与合伙经营茶馆的同伴打烊后，一同往家走。同伴见周淑英离检察院宿舍大院仅100多米了，便不再与其做伴，分手往自己家走去。周淑英走到宿舍大院门口，掏钥匙开大门时遭到袭击。当人们闻讯赶来时，周已倒在血泊中，失血性休克死亡。

副检察长妻子被害，顿时舆论哗然、谣言四起。有人怀疑副检察长因分管批捕工作，肯定得罪了不少人，招来报复，其妻子因此被害。还有舆论认为，副检察长嫌弃糟糠之妻，雇人谋杀了妻子。更有诸多流言蜚语，在小小的县城穿街过巷，越传越悬。一顶顶无形的黑锅，不断向副检察长扣来，给其工作、生活同时也给子女带来巨大压力，一家人都生活在沉闷阴霾的氛围之中。

"6·12"案发生后，资中县公安局成立了80余人的专案组，组织侦破，县委、县政府对该案极为重视，要求专案组每天必须向县委、县政府汇报当天侦破进展情况。专案组民警顶着巨大压力，同样承受着谣言的包围和困扰，与副检察长所遭遇的压力不相上下。

资中县公安局重案中队的民警，几个月来几乎每天都只能休息两三个小时，夜以继日，把全资中县具备作案条件的人员一一筛选过滤，一遍又一遍，始终没有线索。

就在案侦工作处于僵持状态时，资阳警方传来惊人的消息，资阳"10·14"案件凶手之一的贺云建，交代了2000年6月在资中抢了一个女的。贺云建交代说，2000年4月30日，他和徐仁贵、董子兵杀了李波后，害怕罪行暴露，就逃到外地四处躲藏。6月，他和徐仁贵等人逃到资中，住在一家私人旅馆里。有天晚上10点多钟，徐仁贵叫他一起去散步，出旅馆走了一段路以后，看见一个女的，就和徐仁贵跟踪过去，徐仁贵趁那人掏钥匙准备开大门时，突然冲上去，抱住了那个女人，因为女人比较胖，拼命反抗，徐仁贵就喊"矮儿还不快上"。贺云建回过神来，赶紧抢夺女人的挎包，但女人却死死抓住挎包带子不放，他急了，摸出一把尖刀向女人刺去。女人负痛才松开了挎包。

后经法医鉴定，受害人周淑英大腿挨了一刀，刺断了股动脉，流血过多，不幸身亡。

贺云建说，他和徐仁贵跑到郊外，把挎包里400元钱平分以后，扔了挎包，回旅馆住了一夜，第二天就离开了资中，所以他不知道那个女人死没死。

2001年3月13日，资阳警方将贺云建带去资中指认现场，首先找到贺云建、徐仁贵等人当时住宿的旅馆，再从旅馆出发，循着当时他们散步行进的路线找到抢女人的作案地点，这正是副检察长妻子被害的地方。

至此，终于揭开了2000年6月12日副检察长妻子被害真相。长时间笼罩在副检察长头顶的乌云因此一驱而散，而资中警方背了大半年的沉重包袱也终于被解开。

贺云建落网后还交代，在资中杀人后，他和徐仁贵逃到攀枝花、宜宾躲藏了一段时间又潜回资阳，伙同王平在431厂拦劫职工蒋跃珍、谢文海夫妇，持刀将蒋跃珍当场杀死，谢文海被刺成重伤，抢得现金620余元。

贺云建落网后，专案民警继续追缉其同伙。曾在乐至参与杀害陈波、蔡玉华夫妇的罪犯张德平，一度竟人间蒸发，不知其踪迹。贺云建及落网的李建华也只知道其外号叫“哑巴”，具体姓名却不清楚。

雁江区公安分局向全局民警通报了案情，要求严查外号叫“哑巴”的人。刑侦城西中队民警蒋国华回忆，2000年8月，一个叫张德平的隆昌人，因盗窃被送往四川省大堰“劳教所”劳教，记得当时有“劳教”人员看见张德平时问：“哑巴，你娃咋回事？”张德平曾经苦笑着答："莫得啥子事。"莫非"哑巴"是张德平的外号，而这个"哑巴"就是乐至杀人的"哑巴"？

情况反映到专案组，经派员到大堰"劳教所"提审张德平，张果然交代了其在乐至参与杀人的犯罪事实。至此，张德平被押回资阳，逮捕入狱。

2001年7月5日，一封举报董子兵潜藏在凉山州甘洛县沙俄助铅锌矿老10号矿井内的举报信摆在专案组的案头，经分析，该举报信可信度较高。专案组立即抽调民警肖文良、李长海、黄荣成、杨义、严应刚、陈永权组成抓捕组，驱车600多公里直赴甘洛县。

7月7日，星期天，抓捕组赶到甘洛县。县公安局政委杨金鸣立即召集办公室主任木呷、矿山派出所所长木乃列布，与资阳警方一道，研究制定抓捕方案，从当地找了两辆地方牌照的汽车，驱车赶赴几十公里外的铅锌矿。在山下，为不暴露目标，民警又顶着烈日，着便衣徒步朝着海拔近3000米的山上爬去。

途中，民警见到两名年轻人从山上走下来，大家怀疑其系抓捕对象，遂悄悄掩藏在蚊虫成群的草丛中，等来人走近，突然冲出去，将两人拦住。那两人虚惊一场后，说出了董子兵确实在山上的实情，并说董子兵正在工棚里看电视。为了不让此二人走漏风声，民警希望他们暂不要下山，也不要上山，待战斗结束后，再让他们下山，并留下民警，监视此二人不要乱走动。

抓捕组继续往山上爬行。因为目标就在山上，大家心里都异常激动，为防止暴露民警不能沿路而行，只能顺路旁草丛隐身而进。摸到工棚附近后，按照分工派出所所长木乃列布及抓捕民警率先冲进工棚。民警们齐声吼道"不准动"，几支黑洞洞的枪口齐齐地对着正在目不转睛地看电视的董子兵。

一声"我完了"，先后多次"蒸发"的董子兵即瘫倒在地束手就擒。与之一同落网的还有当年李田成团伙的成员黄佳七。

据审查，1996年，李田成被击毙后，其同伙黄佳七想到自己曾在凉山州甘洛县做过土豆生意，认识一个做大米生意的老板，便逃到甘洛县，投奔米老板做了帮工。

之后，米老板承包铅锌矿，黄佳七又跟随其到矿上，帮忙搞管理，做一些登记工时的活儿。

2000年下半年，畏罪逃到甘洛县的董子兵，先在铅锌矿附近的矿场打工，后来到铅锌矿，巧遇了“老乡”也曾是同伙的黄佳七，黄便收留了董子兵。

2001年，“严打”风声越来越紧，狡猾的董子兵正打算挪动一下窝点时，却不料神兵天降，被资阳警方抓获。黄佳七亦一并被擒。

值得一提的是，徐仁贵在一次被提审过程中居然亡命冲监逃跑，被狱警拦截时负隅顽抗最终身亡。

2002年7月8日，资阳市中级人民法院公开开庭审理贺云建抢劫、杀人团伙案，一审以故意杀人罪、抢劫罪判处贺云建、董子兵、李建华、张德平死刑，剥夺政治权利终身。9月25日执行枪决。

至此，徐仁贵团伙基本覆灭。

然而，资阳警方却并没为此感到轻松。徐仁贵团伙成员还有王平在逃，追缉工作仍在进行中，不料又发生了“12·1”枪杀抢劫案，作案人是否为徐仁贵团伙余孽王平纠集他人所为？此前的董子兵，在“前任”团伙头子李田成灭亡后，又投奔新的主子徐仁贵，组成新的团伙，那么徐仁贵团伙成员王平，是否投靠他人或自行纠集组成了新的团伙，从而制造了“12·1”案？

对此“12·1”专案组重新梳理了徐仁贵团伙案，对该案再次进行研判，并着重搜寻王平行踪，但仍毫无收获。

十四　附带侦破的大案

专案组通过调查发现刑满释放后的张明、陈东与重庆永川方面有联系，而永川方面的联系人则是他们在监狱中结交的狱友。专案组通过进一步调查张、陈二人狱友的情况，终于抓住了潜逃10年的范英智、邹辉的狐狸尾巴。

四海公司“12·1”持枪抢劫杀人案侦破所付出的代价，在资阳公安侦破史上绝对应该排在首位。同时，为侦破“12·1”案而“附带”侦破的全川大案、要案及缴获的枪支弹药也是首屈一指。除了前边叙述过的若干案件外，这里还有一起案子值得记述。

为了叙述方便，先来看看2009年重庆一名哨兵被杀的案件。

2009年3月19日晚上7时42分许，位于重庆市高新区石桥铺的成都军区驻渝部队十七团营房门口，一个身穿浅色风衣，头戴黑色线帽，仅仅露出两只眼睛的枪匪出现在部队大门前。他拿出一把手枪，向站在大门右侧值班岗哨上、身背半自动步枪站岗的19岁哨兵韩某某连开两枪，哨兵胸部中弹不幸牺牲，手中的自动步枪被抢走。枪匪抢枪后，沿部队门前的马路向石新路方向逃去。

监控录像显示，蒙面枪匪枪击哨兵抢走枪支后，徒步穿过石桥铺社区，到达距离案发现场约300米远的渝州五金城西门对面的石新路边，乘坐一辆在此等候多时的出租车逃逸。

公安部部长飞抵重庆，亲自督促办案，要求全力侦破此案。警方根据已掌握的现场情况，将此案列入反恐打击范畴。军方和警方联合成立专案组，合作破案。

2009年12月14日，资阳市公安局刑侦支队接到重庆市公安局刑警总队关于协查重庆“3·19”枪案线索的请求，并向资阳警方提供了相关信息。

信息反映：有一伙资阳籍的人在重庆永川地区活动，请求查清这伙人的情况。资阳市公安局党委高度重视，立即成立了专案工作组。时任副市长、公安局局长的梁晓军对专案工作提出具体要求：全力以赴配合重庆警方做好“3·19”案件侦破工作，竭尽所能提供协助和支持；同时利用配合侦破“3·19”案的有利机会，挖掘资阳久侦未破的“12·1”案件线索。

“3·19”专案组与“12·1”专案组成员基本相同，对资阳自“12·1”案以来的涉枪案件几乎一目了然，不少涉枪案件已在“12·1”案的侦破中破解，不少涉案人员已经受到惩罚。

“3·19”专案组对资阳未破涉枪案件仔细梳理，除了“12·1”案毫无进展外，还有一桩早于“12·1”案的涉枪打死公安民警的案件，这个案件两名主凶明确，只是未能抓获。这两个涉嫌枪杀民警的凶手就是资阳人范英智、邹辉。案件发生的时间则是2000年2月10日。

2000年春节前夕，几个十七八岁的青年男女与一个叫邹辉和一个叫张明的小青年（二人当时都未满18岁）因争夺女友发生矛盾，双方在资阳的海韵宾馆“摊牌谈判”，谈判中互相谩骂，还发生了肢体冲突，火药味十分浓烈。

宾馆服务员发现情况不妙，便悄悄打电话报告雁江区公安分局建设北路片区民警杨某，请求派出所民警赶快来处理。

当时因为是晚上下班时间，民警杨某未来得及向所里汇报，赶紧就去海韵宾馆，意图处置可能发生的不测事件。当杨某等人赶到现场时，小青年们的矛盾已经发展到白热化程度，有人听说杨某是警察，大家赶紧做鸟兽散。混乱中，居然有人持刀向邹辉屁股刺去，邹辉的同伴张明赶紧把邹辉送去医院包扎。

事后，邹辉认为自己挨这一刀与杨某有关。因为是矛盾的对方叫来的警察杨某，而杨某来后那伙人竟然还持刀伤人，显然是杨某在给那伙人撑腰，邹辉因而还挨了一刀，这个仇必须报，而报仇的对象则是民警杨某。

邹辉把自己的想法告诉了初中同学范英智。范英智也认为要报复就得报复民警杨某，因而积极支持邹辉报仇，商议认为，要报仇就得“杀鸡给猴看”，要整就整个天翻地覆，必须拿警察杨某开刀！

但是，要整警察可不是闹着玩的，因为警察有枪，弄不好不仅杀不到警察，反倒自己遭殃。警察有枪，我们为什么不可以用枪呢？邹辉、范英智商议，弄枪！有枪，不用近身就能结果了杨某。

去哪里搞枪呢？范英智、邹辉想到了他们十分崇拜的王叔。

王叔名叫王林，因打架斗殴致人重伤被判刑，后来保外就医。王林在资阳城里开家庭歌厅，初中毕业无所事事的范英智、邹辉经常去王林的歌厅唱歌。二人觉得王林挺有能耐，在社会上混得很好，表示愿意跟王林混。王林则认为指点指点二人将来准会成长为“道上”的料子，觉得自己报复社会一定用得着，就答应了二人的请求，还时不时给二人零花钱，要求二人今后有什么难处只管开口。二人非常感激，尊称王林为“王叔”，表示今后愿为王叔赴汤蹈火、在所不辞。

还没为王叔赴汤蹈火，自己反倒遇事了。邹辉被人刺了一刀，急于报仇，两个年轻人想来想去，没有别的路子，于是就想到了王叔。二人把想搞枪的想法给王林一说，没想到王林竟然说要枪不难，他就有。

王林也不问二人要枪干什么，居然就把自己买来的两支猎枪和几发子弹给了范英智和邹辉。

有了枪，范英智、邹辉又进一步策划，悄悄跟踪杨某，熟悉杨某的活动规律。

2000 年 2 月 10 日晚，范英智、邹辉看见杨某进了桥亭子一家水吧，二人觉得机会来了，打电话叫兄弟张明骑摩托车到桥亭子巷口等候，事情完了接应他二人。

张明和哥们儿陈东各骑一辆摩托车来到桥亭子巷口后，电话告诉范、邹二人，说他们已经到了。范、邹叫张、陈稍等，他们马上就来。

随即，那家水吧里传出两声枪响。紧接着范英智、邹辉跑到张明、陈东停车的地方，迅速逃离了现场。

枪响过后，民警杨某倒在水吧的吧台边，很快气绝身亡。

枪杀民警的案件发生后，警方很快锁定了犯罪嫌疑人是范英智、邹辉及帮助二人逃跑的张明、陈东。2000 年 3 月 10 日，逃到贵州省躲藏的张明、陈东被资阳警方抓获。

2000 年 10 月，人民法院以故意杀人罪、窝藏罪分别判处张明、陈东有期徒刑 5 年和 1 年 6 个月。而实施枪杀的凶犯范英智、邹辉却逃之夭夭，人间蒸发。

以上就是范英智、邹辉枪杀民警久侦未破的案件。而今重新提上桌面，专案组决心仔细查找，就是大海捞针也要把范、邹捞出来！

专案组通过调查发现刑满释放后的张明、陈东与重庆永川方面有联系，而永川方面的联系人则是他们在监狱中结交的狱友。专案组通过进一步调查张、陈二人狱友的情况，终于抓住了潜逃10年的范英智、邹辉的狐狸尾巴。

2010年2月5日，范、邹二人在永川落入法网。经审理，范、邹二人交代了枪杀民警杨某以后的逃亡过程。

2000年2月10日晚，范、邹枪杀杨某后，连夜逃出了资阳，然后打电话把杀人的事情告诉了“王叔”。“王叔”知道二人枪杀的竟然是警察，感觉这个事情闹得太大了，叫二人千万不要再回来，也不要再和他联系，有什么事他会想办法联系他们。一番“教导”后，王林安排二人去找涂成武，并告诉了怎么联系涂成武。

于是，范英智、邹辉按照王林的指点，找到了已被上网通缉的四川头号杀手涂成武，向涂说明了来意。涂成武爽快地收留了范英智、邹辉，并安排二人在成都一家地下赌场当保镖、扎场子。

然而好景不长。2003年涂成武被抓并被执行枪决，范英智、邹辉失去了涂成武这个靠山，不得不另谋出路。

不久，二人得知张明、陈东刑满了，就联系二人帮忙想点儿法子，张明、陈东出于昔日哥们儿情分，介绍二人到重庆，投奔永川的狱友。于是范英智、邹辉先后逃到重庆市的永川、合川、璧山等地，隐姓埋名，乔装改扮，在张明、陈东狱友的帮助下以摆地摊、出租影碟为生。

后来，范英智、邹辉受“王叔”指使，再度杀人，并靠王叔给的“报酬”在璧山城郊租房居住。二人靠“王叔”的资助，深居简出，整天躲藏在屋子里不敢出门，有事情则随时听从“王叔”

调遣。

那么，范英智、邹辉再度杀人作案又是怎么一回事呢？事情还得从 2003 年 4 月说起。

话说 4 月 9 日这天下午，资阳市雁江区上西街云聚茶楼的大厅里，聚集了好几桌打牌的人，其中一张桌子突然吵闹声大作，随即就发生了抓扯。一个叫王武的对一个叫尹玲的女子挥起巴掌，打得尹玲嗷嗷乱叫。

尹玲挨了打，就打电话给朋友徐银宝，叫徐银宝来帮忙。徐银宝赶到云聚茶楼时，王武等人已经离去。

徐银宝得知打人者王武是“道上”朋友王林（也就是范英智、邹辉所崇拜的王叔）的弟弟，徐银宝便打王武哥哥王林的手机，希望王林出面解决此事，但王林的手机打不通。

徐银宝于是直接打王武的电话，质问王武为什么打尹玲，二人电话里话不投机。王武说，有本事你到鱼市口“动感迪吧”来，老子等你！

徐银宝哪里是省油的灯！听了王武的话感到很气愤，他当即给因犯故意伤害罪、先后两次被判刑入狱的朋友谢军打电话，要求借谢军的枪用一下。谢军爽快答应。徐银宝从谢军那里拿到一支仿制式手枪，很快来到“动感迪吧”二楼大厅，看见王武和六七个人坐在迪吧舞台旁边的桌子周围，徐银宝毫不犹豫地掏出手枪，对准王武就要开枪。王武腿疾眼快，拔脚就往楼下跑。徐银宝扣动了扳机，子弹从王武后腰射进，从身体前面穿出，所幸未能致命。射杀王武后，徐银宝迅速逃离现场，之后便逃到资中、成都、绵阳、德阳等地躲藏。

不久，徐银宝联系上王武的哥哥王林，愿意出钱摆平王武的事情。双方在成都喀秋莎宾馆谈判，徐银宝同意支付 15 万元，但给了 7.5 万元后就没钱再给。王林多次打电话追讨，徐银宝却拖着不想再给。

2007 年 5 月的一天，追钱追得很不耐烦的王林联系上了范英智，二人约定在成都岷山宾馆吃饭。王林把徐银宝开枪打伤王武还不守信用付钱的事告诉了范英智，叫范英智把徐银宝“做掉”。范英智欣然同意。为了酬谢范英智，王林当即给了范英智 3 万元，表示事成之后还会另有报酬。

2007 年 6 月 1 日晚，王林再次约徐银宝到资阳谈付钱的事，徐银宝如约而至。与此同时，王林马上联系范英智采取行动。范英智火速从成都赶到资阳，持枪在雁江禾邦广场加州阳光茶楼将徐银宝打成重伤后逃窜，徐银宝伤重致残疾。

事后，王林又拿了 2 万元现金给范英智作为报酬。再往后，范英智、邹辉以生活困难为由，找王林又拿了 1.6 万元。王林还表示，今后将每个月给他们 2 万元。

然而王林还没来得及兑现这个承诺，范英智、邹辉就落网了。警方根据范、邹的供述，又抓获了王林、徐银宝、陈东等犯罪嫌疑人 17 名，破获资阳、成都、荣县等地持枪杀人案 5 起、非法持有枪支案 3 起、制造毒品案 1 起、包庇案 1 起，扣押涉案汽车 8 辆，追缴涉案枪支 3 支、子弹 38 发。

又一个穷凶极恶的犯罪团伙彻底覆灭。民警杨某的在天之灵可以得到安息了。

后来警方认定，2009 年 3 月 19 日重庆枪杀哨兵的案犯为震惊全国的杀人恶魔周克华。警方不仅排除了范英智、邹辉枪杀重庆哨兵的嫌疑，经甄别同样排除了范英智、邹辉与“12・1”案有关联的嫌疑。

到此为止，“12・1”案可以说是山穷水尽，毫无眉目。曾经的专案组，因为公安工作的需要，绝大多数警力投入其他工作中去了。

这里要特别提到的是，当时主办案件的领导对久侦未破的“12·1”案深感遗憾，要求技术部门民警专门建立“12·1”案物证档案柜，期待有一天该案侦破后这些物证将成为对犯罪分子的有力控诉！

技术民警刘伟遵照领导指示，小心翼翼地把各样物证分门别类存放在专门购置的柜箱里，一年四季经常检查以防霉变或破损。每当检查一次，刘伟心里就在默想，什么时候“12·1”案才能水落石出。刘伟期盼着，参与过侦破“12·1”案的民警期盼着，乃至全资阳的民警也都期盼着！更多的是，全社会也在期盼着！

十五　抓获真凶

略稍紧张之后，梁学武很快镇定下来。他狡辩说，自己从小就喜欢玩枪，长大后就购买玩具仿真枪来耍，他手机里的照片全是仿制枪。问他现在枪在哪里，他说被他妻子收藏着。问他拿枪干了什么违法的事情，他说自己在外面搞装修经常有人不给工钱或者拖欠装修款，他就把手机里的照片拿去吓唬那些欠钱不给的人。

除了案侦民警的期盼，尤为期盼的是“12·1”案受害人曾雯的亲属。

受害人曾雯，生前非常疼爱儿子，儿子也非常喜爱妈妈。

曾雯母亲说，曾雯遇害以后，当年9岁的儿子一次又一次哭喊“妈妈，你为什么要死”，哭着哭着就抽搐昏过去了。之前儿子学习成绩很好，一直名列年级前茅，曾雯遇害后，儿子再也无心学业，最终只读了个职业高中尚且是肄业。

曾雯的家人无不为曾雯的遇害背负巨大的痛苦，都期盼公安机关早日破案，以告慰逝者的在天之灵。

“12·1”案因其案情特别重大，被列为公安部督办案件，资阳市公安局历届领导班子都将该案摆上桌面，不敢有须臾的懈怠，他们11年来锲而不舍研究探讨侦破的契机，在希望与失望中煎熬。时任资阳市人民政府副市长、市公安局局长的梁晓军在资阳工作的几年间，一直没有放松对“12·1”案的侦破工作，其间破获的前述若干重特大案件他都是亲力亲为，为之后侦破“12·1”案打下了良好的基础。梁晓军调离资阳时感到十分遗憾，特别要求专案组的同志时刻不能放松对“12·1”案的侦破工作。

时间一晃而过，真正的破案契机终于在2013年到来。

2013年4月，四川省公安厅部署开展“三个一百”命案“实战破案”比武竞赛活动，将2002年12月1日的持枪抢劫杀人案列为重点督办案件，要求资阳市公安局党委立下军令状。

随即，资阳市公安局重新组成专案组，从刑侦部门调出“12·1”案全部案卷，专案组民警实行封闭式工作，利用三天时间梳理了卷宗，详细研判侦查突破口。

5月9日，各县市区分管刑侦的主要领导，当年参加了侦破的民警、技术人员，以及现任刑侦、技侦、网安、情报等部门的领导全部参加研究。雁江区公安分局刑警大队长期主办该案的原副大队长严建忠对“12·1”案的侦破情况做了全面回顾和介绍，对案发经过、现场勘查、发案过程、作案工具、动机和目的及各种有关情况都做了详细分析。所有参会人员都对案件进行了审视，提出了自己的见解和意见。

会议整整进行了两天。5月10日，市公安局党委宣布成立“12·1”持枪抢劫杀人案专案指挥部，确立了案件各方面负责人，还特别明确由市公安局常务副局长杨绍文全面负责后勤保障协调工作，从资金、物质上保证专案工作顺利开展。

会议当天，专案指挥部即悬赏20万元破案奖金，向全局民警乃至全省、全国公安机关发出破案“招标书”，广泛征集案件侦破“高手”。

专案指挥部再度讨论认为，像“12·1”案这样的疑难案件虽然侦破难度极大，但是任何案件都有其可破的契机，有的案件之所以未能侦破，就是因为没有找到契机。

为找到“12·1”案侦破契机，局党委召集当年参加过该案侦破的所有办案负责人和主要办案民警，对照当年的案件所有卷宗，根据梳理出的案件侦破方向，制定了切实可行的侦破方案。

首先，根据该案枪杀抢劫的特性，紧紧抓住“以枪找人”这个契机，坚持“以案找人”的侦查策略，加大与陕西“8·30”案件并、串侦查力度，坚决对枪支的情况查个水落石出。

对此，指挥部请来驻军领导和武警、消防部队领导及有关拥有枪支的银行等单位领导，紧紧围绕“以枪找人”排查嫌疑人，派出专案组人员再赴陕西开展工作。

其次，对原有物证进行再鉴定。十年前刑事科学鉴定存在不足，随着科学的发展，对原有物证进行重新鉴定，完全有可能获取新的破案线索。

经验表明，犯罪分子一般不会只作一次案就“金盆洗手”，他们将会不断作案，结合物证鉴定可能获取的新的证据加以甄别，从网上DNA比对找到破案契机。

最后，充分利用情报信息资料，开展网上侦查，对各类犯罪人员重点排查。

除上述主要方案外，还制定了相关侦破方向，安排了相关部门和人员专门负责。

根据制定的侦破方案，指挥部调阅了十余年来全国发生的枪击案情况，锁定了陕西省凤县宝成铁路秦岭某隧道“2002.8.30”武警战士遭枪杀并被抢劫“81-1”式自动步枪的案件为重中之重。指挥部当年参与了“8·30”案件调查的民警回顾了当时的调查情况，总感觉有不尽如人意的地方。

专案组认为，当年仅仅对放蜂人陈关胜在资阳及在秦岭的活动进行了调查，而没有深入秦岭调查是否有资阳人在秦岭一带活动，如果查明有其他资阳人在秦岭的活动轨迹，循线追踪，或许能找到一丝线索。

专案组一致认为，尽管“8·30”案距今已11年，早已物是人非，再想找到当年有可能在秦岭一带活动过的资阳人的线索已是微乎其微。但是只要有丁点儿希望，就要不惜一切代价，坚决查个水落石出。

对此指挥部确定，派出相当警力，前往陕西秦岭，沿宝成铁路和川陕公路沿线，寻找从2002年案发前后所有在这一带活动过的资阳人，沿线乡镇、村社一家一户彻查到底，绝不放过任何蛛丝马迹！

5月17日，“12·1”案发时任雁江区刑警大队副大队长、现任资阳市刑警支队副支队长的严建忠，带领专案组民警刘晓辉等人赶赴“8·30”哨兵被杀的凤县，对案发现场周围的场镇、村组展开拉网式排查，一定要查清当年在这一带活动过的所有资阳人的行迹！

与此同时，雁江区公安分局刑侦技术中队民警刘伟，将自己精心保存了十余年的物证一一提交到专案指挥部。面对物证，办案民警无不记忆犹新。

当年，曾在嫌疑人遗落的头盔和毡帽里发现了三根黑发和两根白发，但是由于头发没有毛囊，资阳市及省公安厅和公安部鉴定都是毫无结果。

这次重新送检，有民警提出，此前省厅和公安部都已鉴定，也许还会是同样的结果，不如另送其他地方鉴定。民警提出，江苏省某鉴定中心的专家，原是成都华西医科大学司法鉴定顶级专家，后来调到江苏某鉴定中心工作，资阳警方曾经有多个疑难案件的鉴定工作陷入被动局面时通过这位专家的鉴定获得了有效结果，对案件的侦破起到了决定性作用，因此建议到江苏进行鉴定。

但是指挥部研究认为，公安部是公安机关最高机关，其鉴定水平同样很权威，十年前的鉴定有技术方面的不足，而今科学技术较之十年前必定有极大提高。

再说，公安部数据库掌握着全国的相关数据，通过公安部鉴定可以更方便、更快捷地与全国公安系统的相关信息进行比对。

因此，指挥部决定，将检材立即送公安部。

事实表明，送公安部的鉴定确实来得急速。5 月 24 日上午，一个令人十二万分振奋的消息从公安部传来！

公安部物证鉴定中心通过对鉴定物毡帽仔细搜寻，终于在毡帽的夹缝里提取到嫌疑人的检材，利用最先进的刑事科学技术进行 DNA 检测比对，比中资阳市乐至县童家镇五通村 6 组农民梁学武！

立即调查梁学武，看到他作案的案底时民警们顿时觉得振奋不已。

时年 47 岁的梁学武，出生于资阳市乐至县童家镇五通村 6 组的一个农民家庭。2001 年 11 月的一天，梁学武到文峰乡蚕茧站销售蚕茧时，发现蚕茧站无人看守，便伙同表弟石成强等 4 人趁黑夜翻窗入室，盗窃蚕茧 1500 千克，卖到资中县球溪镇，获赃款 6 万多元，每人分得了 1 万多元。

案发后，乐至县公安局从蚕茧销售渠道入手，侦查确定梁学武、石成强等人有重大作案嫌疑，随即将梁学武抓获。

遗憾的是，押解途中梁学武谎称小便乘机戴铐脱逃，后被列入上网逃嫌。之后乐至县公安局开展追缉工作，先后抓获了梁的同案犯并判处了徒刑，但梁学武及其表弟石成强却杳无踪迹，仿佛人间蒸发一般。

2011 年全国网上大追逃中，乐至县公安局局长邹强亲自到梁学武所在村社开展调查，并做其亲属的工作，督促梁学武就盗窃蚕茧案投案自首，梁学武到案后留下了相关检材和信息资料，后被取保候审。

正是梁学武所留检材和信息资料，为“12・1”案技术比对提供了极其重要的依据。梁学武被列为“12・1”案重大嫌疑人。

最先得到梁学武 DNA 比对消息的刑侦支队支队长姚武雄（现为资阳市公安局副局长）立即向“12・1”案指挥部副指挥长也是分管刑侦的副局长游敦礼汇报。游副局长曾经在乐至县公安局担任局长，也曾多次对上网通缉的梁学武盗窃蚕茧案进行过研判，并多次动员其亲属督促梁学武投案自首，对梁学武的情况比较熟悉。得知 DNA 比对梁学武后，游副局长立即组织警力，研究如何抓捕梁学武。

指挥部要求：一要秘密抓捕，不可惊动同案犯；二要巧抓，因为嫌疑人穷凶极恶且手上有枪，一定要保障民警的自身安全。随即又立即通知刑侦、网安、技侦部门一起研判，进一步确定了抓捕方案。

下午，游副局长赶到乐至，将乐至县公安局局长邹强和刑侦支队领导叫到一起，仔细研究抓捕梁学武的方案。

据乐至县法院反映，梁学武因盗窃投案自首取保候审后，听说可能会被判八九年的长刑便寻机再次脱逃，乐至县公安局多次敦促其亲属通知梁学武准备接受审判，但亲属均称梁学武不知去向。

对此，研究决定，立即对梁学武的行踪展开侦查，经连夜调查，获知梁学武的儿子近期经常来往遂宁，故分析梁学武可能在遂宁一带活动。通过侦查，掌握了梁学武确实在遂宁的活动场所及驻地，前往遂宁刻不容缓！

25日凌晨2时，刑警和特巡警支队七八名特警，迅速赶赴遂宁实施抓捕。

到达遂宁时天还未亮。经调查，梁学武驻地在某小区某楼房的五楼。技术监测得知，梁学武在两个单元楼之间，经观察发现该小区两个单元背靠背，弄不清梁学武的具体住房，不敢贸然采取行动。

调查得知，梁学武与人合伙有辆小汽车，就停在小区。民警认为，无论是梁学武还是合伙人，总有开车的时候，于是决定“守车待兔”，等待梁学武自己上钩。所有参战民警都是便衣，埋伏在各个隐秘地点，布下了天罗地网！

上午10时许，小区某楼左边单元走出一个人来，并且往梁学武的那辆车走去。参战民警不动声色地靠近，将那人控制，一声呼喊“梁学武”，那人“嗯”答应了一声。毫无疑问，此人便是梁学武。民警们一拥而上将其擒获。

再次确认，此人正是梁学武。梁学武被戴上头套，立即押回资阳。

审讯中，梁学武只承认2001年盗窃蚕茧的犯罪事实，否认还有其他犯罪行为。问他的毡帽为什么会掉到四海公司附近，他狡辩称，当年他经常给村民拉生猪送四海公司销售，毡帽什么时候掉到了四海公司附近他确实忘记了，当时到底是掉哪里了他并不知道，总之是掉了。

梁学武的述说没有破绽。但是民警却从梁学武的言谈举止中看出其内心不时流露的恐慌。尤其民警查看梁学武的手机时，其瑟瑟发抖的境况更是引起审讯民警的高度注意。

审讯中，民警查看梁学武的手机，梁学武对民警的举动非常“敏感”，不仅眼里流露出某种绝望，脚下也是不经意地瑟瑟发抖。

梁学武的微妙神色被民警看得明白——他手机里一定有什么“名堂”。仔细查看，果然在他手机内发现了数张拍摄于5月21日（也就是梁学武被抓获的前五天）的仿制式短枪及数十发各类子弹的照片。

“手机里的枪支、子弹图片是怎么回事？”审讯民警不动声色却异常严厉地讯问。略稍紧张之后，梁学武很快镇定下来。他狡辩说，自己从小就喜欢玩枪，长大后就购买玩具仿真枪来耍，他手机里的照片全是仿制枪。问他现在枪在哪里，他说被他妻子收藏着。问他拿枪干了什么违法的事情，他说自己在外面搞装修经常有人不给工钱或者拖欠装修款，他就把手机里的照片拿去吓唬那些欠钱不给的人。他拒不承认干了其他违法的事情。

“手枪是仿制的玩具，”审讯民警步步紧逼，“那么子弹是从哪儿来的，子弹也可以仿制？而且仿制得跟真的子弹一样？”

民警一下子点到了梁学武的“死穴”，他顿时哑口无言。于是，他干脆来个装傻作哑，无论问他什么，再不吭声。

梁学武冥顽不化，审讯暂时陷入僵持。审讯民警决定调整审讯策略，来个欲擒故纵，叫梁学武慢慢想，审讯民警则漫不经心地打起“瞌睡”来。

就在审讯民警与梁学武进行心理较量的时候，前往陕西凤县的办案民警传来信息：梁学武极有可能就是凤县武警战士被枪杀的真凶。

原来，5月24日公安部DNA比中梁学武后，资阳方面采取行动密捕了梁学武，并把此情况通报了正在凤县调查的民警。民警根据已经掌握的梁学武的社会关系，查明梁学武的一个亲友嫁到陕西凤县黄牛铺镇，而且梁学武曾与这个亲友一起经商多年。凤县武警被害期间，梁学武多次往返凤县与乐至，行踪十分可疑。

民警在调查梁学武当年在凤县的活动轨迹过程中获悉，梁学武在凤县黄牛铺镇的那个亲友曾质问前夫杨某，说她的亲戚梁学武现在在老家乐至已被公安局抓了，是不是杨某把梁学武在黄牛铺犯的事情捅了出去。

梁学武在凤县犯了什么事？民警认为这绝不是什么小事，说不定就是武警哨兵被枪杀的大事。民警在当地派出所的配合下，立即传唤杨某。

杨某系河口镇政府一名工作人员。多年前，梁学武的表姐袁君在凤县河口镇一家饭店打工，在河口镇任职的杨某到饭店吃饭时认识了袁君，一来二去建立了感情并结了婚。之后，袁君在镇上自己开起了饭店当了老板，盗窃蚕茧脱逃后的梁学武来到河口镇，与袁君合伙开饭店。

不久，袁君把侄女也就是自己姐姐的女儿接到凤县来玩，没想到丈夫杨某却不顾伦理道德，居然和妻侄女胡来致其怀孕。袁君非但没有责怪杨某，反倒与杨某离婚，让杨某与侄女结了婚。

杨某对此曾表示，要对袁君和袁的侄女两个人都好，绝对不做对不起她们两人的事情。

正是这个原因，杨某被传唤时，开始一口咬定说不知道梁学武犯过什么事。民警一再给他做工作，希望他说实话。他却说，当年梁学武确实在凤县犯过事，但他却避重就轻，说梁学武当年因饭店客户欠账而打过架，梁学武把客户打伤，派出所调解叫梁学武赔钱，但是梁学武却没把钱赔完就爬起来跑了，公安机关几次三番要杨某做工作督促梁学武把钱赔了，但是却一直联系不上梁学武。要说梁学武犯了什么事，他所知道的也就这个事。其他的，他就不知道了。

民警非常严肃地告诉杨某说，你是有知识、懂法律的，不是无知法盲，你仔细想想，即便梁学武当年在凤县打了架，那已经是公开的事情，再说根据案件发生地管辖原则也不该资阳警方管。所以你应该明白，四川资阳警方费心劳力到凤县来，鸡毛蒜皮的事情会这么费神吗？因此希望你为自己的前途着想，不要一失足成千古恨。梁学武在凤县犯了什么事，你可以不说，不过等到梁学武的事情彻底揭穿以后，恐怕就没有你坦白的余地了。

就这样，经一再做工作，杨某在以不追究他的法律责任的前提下才告知，当年凤县哨兵被枪杀的事情可能是梁学武干的。

杨某说，这个事情是听他前妻（也就是袁君）说的，具体是怎么回事，只能问他前妻，他只是猜测，具体的情况他确实不清楚。

传唤梁学武的亲戚袁君。袁君说，当年哨兵被杀，黄牛铺镇查得非常严，附近的河口镇也来查过，那些天她发现梁学武神色极不正常便怀疑是梁学武干的。她“挖根究底”地问梁学武，梁学武吞吞吐吐地叫袁君不要过问。

后来，袁君把自己的怀疑告诉了杨某，问杨某怎么办。杨某说，这种事儿没有证据不能乱说，但是还是叫梁学武离开凤县为好。

再后来，杨某与袁君的侄女搞上了。袁君因一直怀疑梁学武犯了事怕杨某将之泄漏，便以杨某绝不透露梁学武的事情为条件，同意与杨某离婚而让其与自己的侄女结婚。

在凤县的民警迅速把最新获知的情况传回资阳，资阳审讯民警以此为突破口，突然问梁学武：“说吧，你在陕西凤县都干了什么?”

突如其来的讯问使梁学武瞠目结舌，一时间不知道民警都掌握了他哪些犯罪事实。但怀抱侥幸心理的梁学武还想做最后的顽抗，仍然咬紧牙关拒不吐露除盗窃蚕茧之外的其他犯罪事实。

根据梁学武手机里的枪支图片和陕西凤县方面掌握的梁学武的有关情况，指挥部认为，梁学武手机里拍摄的枪支绝非只是用来吓唬人的玩具仿真枪，查明这些枪支的真实性能，自然就能找到揭穿梁学武的突破口。

对此，指挥部果断决定：“去梁学武家搜查！一定要拿到梁学武作案的铁的证据！”

专案民警连夜赶到梁学武家，依法对其家里进行搜查，却一无所获。

专案民警一再做梁学武妻子吴某的工作，吴某却咬定家里没有违法的东西，也不知道梁学武在家里藏了什么违法的东西，梁学武更没有把枪支拿给她保管。

梁学武的妻子不肯配合，是其心理压力不够大，必须给其施加一定的心理压力！因此，专案组将梁学武的妻子依法传唤到市公安局。

到了公安局，专案民警做工作说，梁学武犯了罪，该承担什么惩罚那是他咎由自取，但是作为他的妻子，吴某有责任配合公安机关揭露梁学武的罪行，如果执迷不悟，甚至同流合污，那么夫妻双方都会受到法律制裁。

为了从感情上触动吴某，民警打起“感情牌”，说起他们的子女如何如何、父母如何如何。最后说，想想你们夫妻都进了牢房，子女哪个来照顾，父母哪个来赡养，所以你要想清楚，绝对不要执迷不悟，绝对不要在犯错的道路上走得太远。

经做工作，吴某表示愿意配合公安，把梁学武隐藏的东西交出来。吴某口气刚刚松动，专案民警就带着吴某连夜赶去梁学武家，在行进的路上继续做吴某的工作，希望她把梁学武具体隐藏的是什么东西说出来。

工作做到28日凌晨零时30分，吴某终于说，听梁学武说过枪的事情，但是具体的情况她却不清楚，只有公爹才知道，她愿意配合公安做公爹的工作，叫公爹把东西交出来。

说服工作继续进行。吴某叫醒已经睡去的公爹，即梁学武的父亲梁金。梁金一开始不承认为儿子保管了枪支，耐心的说服工作做了两个多小时，梁金终于表示愿意把儿子藏枪的地方说出来。

具有戏剧性的是，梁父想，他为儿子收藏的枪支不仅有短枪，还有长枪，长枪仅有一支，短枪却是多支，交出枪支越多，可能罪行越重。因此，梁父就想“避重就轻”只交出一支长枪。

于是，梁父带民警在梁学武住房后山坡红苕窖里起获了用塑料布包裹着的“81-?”型自动步枪1支、子弹54发。

令人极其振奋的是，这支长枪的枪身号码虽然完全磨掉了，但枪膛内的号码“81-”却清晰可见，只是后边数字“1”不见了。

获此巨大收获，审讯梁学武的力度加大。民警突然问他枪支情况，他装疯卖傻问什么枪，民警提醒他已经掌握了他持有的枪支情况，他感到末日到了，这才说，他心里非常乱，等他缓缓气，愿意把所有的犯罪事实都说出来。

随后，梁学武平息了自己混乱的心绪，如实交代了他枪杀武警战士抢劫枪支和在四川四海公司枪杀出纳员抢劫41.2万元巨款的犯罪事实。

根据梁学武的交代，其同伙叫石成强。调查得知石成强正在乐至，专案民警迅速出击，于5月28日中午在乐至帅乡广场将石成强一举抓获。

同时，专案组民警继续做梁学武父亲梁金的工作。5月28日下午6时许，梁金终于说出梁学武另一藏枪之处，再一次从梁学武住房后山坡红苕窖旁一棵柑橘树下起获自制火药枪3支、钢珠枪1支、铁砂子若干。

十六　案情真相大白

> 借着灯光我看到哨兵在动，当时害怕哨兵发现异常后对我开枪，就猫腰快步接近哨所，从靠近营房一侧的窗户双手持枪向哨兵右后脑开枪射击，当时我击中了哨兵的头部，他瞬间便倒下去了。

2001年，梁学武盗窃蚕茧脱逃后，其同伙纷纷落网，只有他和表弟石成强脱逃。为了逃避打击，梁学武来到陕西凤县黄牛铺镇，与表姐袁君一起开起饭店。袁君的丈夫是镇上干部，梁学武借助袁君丈夫的关系，饭店开得比较红火。

然而，因为镇上人经常吃了饭不付现钱，欠的钱越来越多，饭店周转资金越来越困难，梁学武就想搞点儿钱来做周转资金。他想，要搞就搞大点儿，而要搞大点儿最好有枪。

梁学武自幼就会玩枪，而且摸索自制了可以打真枪弹的仿制手枪。

但是，梁学武自制的仿真枪一次只能击发一弹，且杀伤力不大。因此，梁学武决定搞一支军用枪。

梁学武和袁君在凤县河口镇开饭馆时，经常去宝鸡采购原材料，坐车途经秦岭隧道，看到有武警持冲锋枪站岗。于是他把搞枪的目标锁定为宝成铁路某隧道执勤的武警战士。

要从武警手里搞枪不是一件简单的事情，得有帮手。一般的帮手不保险，梁学武想到了自己的表弟石成强。

2002 年 7 月的一天，梁学武回到乐至，联系到石成强，把自己准备搞武警的枪的想法告诉了石成强，石成强欣然同意。二人决定立即就去秦岭。

梁学武在交代中说：

“2002 年 7 月中旬的一天，我和石成强从乐至县坐汽车到成都，当时携带着一把自制手枪、2 发或 3 发子弹，又从成都车站坐晚上 12 点多的火车，到了第二天中午 12 点左右在凤州下车。

“下车后，我们在一个市场吃了饭，饭后耍了一会儿，又坐凤县到宝鸡的长途公共汽车到秦岭车站前面一个街道下了车，在朝宝鸡方向街道右侧中部的一家私人旅社住下。我胡乱说了一个名字，说是来收购药材的，旅社也没要身份证，老板把我们的姓名记在本子上就让我们住下了，具体说的什么名字也记不清了。

“当时住下的时间是下午 5 点多，旅社旁有一个面馆，我俩吃过晚饭在旅社休息了一会儿。天快黑了，我俩顺着公路走到离武警哨所很近的一个山坡上，在那里能观察到哨兵的活动情况。

“我俩从观察到离开（二人前往哨所直到最后作案未遂而离开的时间段——笔者注）一直没发现哨兵有换岗情况，此次去我俩就准备实施抢枪。一直到晚上 10 点左右，我俩准备下去袭击哨兵抢枪。我先下去，在前面下到距离哨所几米远的时候，不知道弄到了什么东西发出了响声，哨兵叫喊起来。我赶紧回头逃跑，也不知道跑了多远，发现石成强没有跟上我，估计他也被吓到了，可能跑回旅馆去了。

“当时，我感觉一个人有点儿势单力薄，心里害怕，不敢再去，就顺原路返回旅馆。石成强果然已经逃回旅馆，我埋怨他胆子太小，他说他害怕，还说他看到那个当兵的年龄太小了，他下不去手。说来说去，石成强居然说他不想干了，准备回四川去。我当时没说什么，心想明天再说。

“第二天早上起来后，石成强还是想回四川，我把他叫到河边，问他为什么要中途退出，他说他的儿子还小，不愿意走这条路。我看石成强没有胆量，就说算了，他实在不想干，我也不好勉强他。

“然后，我们坐汽车到河口镇，在河口镇袁君那儿住了一晚。第二天，石成强坚持要走，我想确实留不住那就算了，我下定决心要自己干。吃完午饭，石成强离开河口镇就回四川去了。我将自制枪和子弹包裹好藏在袁君的餐馆库房大床的死角处，打算找机会自己单独干。

“过了一个多月的 8 月 29 日，我决定再次去搞武警的枪。下午 1 时许，我从凤县河口镇‘鸿程酒楼’将事先准备好的自制手枪和 2 发或 3 发子弹取出来，坐了一辆农用车到凤州镇，在凤州镇逗留约三个小时，下午 5 点多，乘坐一辆甘肃省牌照的大巴（该车去西安），上车后坐在车的最后一排左侧。当时我发现车上黄色的遮阳布在窗户上掉了一半，我感觉有用，就扯下来放进西服包里。

“客车开了有几十分钟，这辆甘肃车在黄牛铺镇附近有一个固定停车点，车上旅客下车上厕所，我也下了车，看见路边有一个小商店，我想起晚上要用手电筒，就在商店买了一个手电筒和两节电池、一袋面包，电池是商店老板帮我装上的，电池牌子记不清了。

“车子停了有 20 分钟左右。上车后，开了有十几分钟就到了秦岭抢枪附近的一个街头的桥头（黄牛铺镇东河桥头——笔者注），我就叫喊我要下车，下车后天就快黑了，时间应该是晚上 8 点多，我直接顺公路一直走到哨所附近的小山坡上，在那里能观察到武警站岗的岗亭。

“我观察了约一个小时。约 9 点，哨兵换了一次岗，这个哨兵在岗亭外边的灯下看报纸。我所在的观察点接近岗哨有点儿困难，就从小山坡下来走到公路上，顺公路返回当时下车的地点，顺桥头下到一条茅草路，从地下隧洞穿过铁路，然后顺铁路又向哨所方向走到一个小平地，在那里能够观察到哨所。

“在这个新的观察点观察了两个多小时，感觉肚子隐隐作痛，就去解了一次大便，肚子就不痛了。

“大约 11 点半，我摸到新营房背后，拿出手电筒照了一下手机，看了一下时间，当时是 11 点 40 分左右。

“我在新营房背后待了约 40 分钟，我观察哨兵站着，头左摆右摆地像是在打瞌睡，大约是 30 日凌晨 1 点，这时从宝鸡方向开过来一趟火车，我想该动手了，再不动手就来不及了。

“我借着火车开动的声音慢慢靠近哨所，发现哨兵真的在打瞌睡，我就快步往哨所走，当接近哨所时发现有一条大狼狗对我叫，借着灯光我看到哨兵在动，当时害怕哨兵发现异常后对我开枪，就猫腰快步接近哨所，从靠近营房一侧的窗户双手持枪向哨兵右后脑开枪射击，当时我击中了哨兵的头部，他瞬间便倒下去了。

“哨兵缩下去后，我从靠近铁路一侧的观察口准备取枪，但是因为身高不够，我就左手撑在窗边沿，右手伸进岗亭从哨兵左前侧提起哨兵的步枪，从岗亭前的台阶下到铁路上，顺铁路朝凤县方向快步跑了有几十米，左侧有一块玉米地，穿过去有一个沟渠挡着路，我当时想用手电筒照路，一摸才发现手电筒不在了，在什么地方掉了不知道。

“我一直顺着杂草地往前走，前面有一排房子。我顺着房子背后走到房子尽头然后上公路，用衣服将枪裹住，顺公路走到秦岭火车站。我发现车站没人，就从大门走进站内。我爬上一辆停在秦岭站靠河边那股道上的下行货车上，当时我趴在货车中部一辆敞车内，车上拉的是钢管。

“我在车上等了约半个小时，列车没有开的意思，我心里发慌，害怕武警发现哨兵死了会追查，于是就下车顺着一块玉米地下到河坝，沿江边沙地往凤县方向走，一直走到铁路横跨嘉陵江的地点，我又上到铁路继续向凤县走。

“走到一个长隧道，因没有手电筒，不敢走隧道，就又下到公路上，沿公路走到长桥收费站附近下到河坝，蹚过河，沿江边一直往前走，走过河对岸一排房子前面，我又蹚过河，来到一大块宽敞的河坝地，见有一片狼牙刺笼，我想这地方应该很少有人去，就在狼牙刺笼底部用枪上的刺刀挖了一个约30厘米深的坑，将抢来的自动步枪和我的自制枪，用我在大巴车上扯下的黄色遮阳布裹住埋下。

“埋好枪支后，我从河坝上到公路，顺着公路走到一个大弯处，附近有一个过江吊桥，我在这里等了一会儿，来了一辆宝鸡到凤县的早班车，我招手上了车，坐到凤县县城，住到县城汉中路过铁路桥不到500米的一家私人旅馆。这家旅馆的一楼是豆腐坊，老板是一个约50岁的女人。

“当天藏好枪后，我在凤县那家私人旅馆住了十几天。这期间，我一直观察公安机关对此事的侦破活动，到处都有设卡，还有悬赏通告，火车站的检查力度也很大。

“我在凤县抢到枪后，石成强从四川给我打电话问我什么时候回去，我对他说最近风声紧，等几天。我推断他当时猜测我已经抢到枪了。

“十几天后，我感觉公安的检查力度不大了，特别是凤州车站进出检查力度不大了，我就在9月中旬的一天（详细日期记不清了），决定回四川。

“下午1点左右，我从旅社偷拿了一床被子，装在一个编织袋里，偷偷地跑出了旅馆，乘了一辆从凤县到宝鸡的客车到藏枪地点，将枪取出后用被子包裹好装进编织袋内，枪上的刺刀我感觉没用，就在河边洗手时顺手甩到河对岸的一个刺笼里了。

“然后，我顺原路上到公路，等到一辆去凤县的班车到凤州下车，下车后我到车站广场左侧一家商店买水，商店门朝公路，当时我将装枪的编织袋靠在商店门边，交代店主帮着看管一下，我就到车站买了一张西安开往重庆、路过凤州至简阳的火车票。

“大约下午6点，天快黑了，我扛着装枪的编织袋从铁路员工通道进站，从列车后部上了车。火车到达简阳后，我坐汽车回到乐至县家中，将枪藏到我家房子外面一个看鱼塘的房子里，挖坑埋下。

“2002年11月20几日，我感觉那支枪太长不好携带，就在家里使用钢锯将枪管前面锯掉了一小节，晚上将锯掉的枪管甩到了过路的货车上。

“另外，我还把那把枪的枪号用电砂轮磨掉了。枪的左侧靠铁壳边上有一排数字，在这排数字靠枪管的部位有“81-1”的字样，比后面的数字略大些，因为“81-”刻得较深，如果要强行磨掉，可能会影响枪的性能，所以这个“81-”就没有磨掉。枪的撞针周围有几个字，我也用电砂轮轻轻砂掉了；枪的右下面是一排小字也用电砂轮磨掉了。

“在我把枪运回四川之后的一天，石成强在老家那边的陶家坝河边钓鱼，我去找他，告诉他我已经抢到哨兵的枪了，我问石成强和我一起去抢四海公司不，我还告诉石成强如果他不去我一个人都做得下来。石成强说他要去，我说要去的话万一出了事不要怪我，石成强说不怪我。

“之后一天，石成强到我家里来，来的时候是晚上，因为家里没有其他人，我就把抢的哨兵的那把枪拿给石成强看。一天中午，我叫石成强拿上枪，一起到山上去试枪，打了 3 发子弹，感觉那支枪的威力很大，去抢四海公司没问题。

“2001 年 9 月的时候，当时我和其他送猪的人一起查看了雁江区四海公司的肉联厂，觉得这个公司规模大，每天收猪的数量很多，据我了解，每天要收购 700～1200 头生猪，按当时每头猪 600 元左右计算，这个公司每天的收猪款有 60 万～100 万元。

“由于我当时经济压力比较大，我就有了抢四海公司肉联厂的想法。抢一次也是抢，要抢就抢钱多的单位，所以我心里就一直想着要抢四海公司。抢之前我和石成强还去四海公司踩了两次点。

“第一次，我和石成强两个人一起赶客车从童家到的资阳，到了客车站后，坐人力三轮车到的四海公司原来老厂的大门边。那天去的时候是早上 10 点过了，我和石成强在门口看见四海公司发钱的地点和我之前去踩点的时候的格局不一样了，找不到发钱的地方了。我在四海公司门口看见挑扁担卖水果的一个中年人（偏老），我们就上前去搭讪问他知不知道四海公司现在的发钱地点，这个老头就用手指给我们看，说就是正对大门的那间小屋。然后我和石成强就一起进入四海公司，往发钱的小屋走，看见有人正在领款，防范很松，当时我觉得这种情况下我们应该能抢到钱。

“案发前五天左右，我们又去踩了一次点，那天是凌晨 4 点多，我和石成强一起从乐至家里面骑车去的，大概是凌晨5点的时候到的四海公司的大门边，石成强把车停在四海公司下面，在大门外面抽烟等我，我混进了排队领款的人群中，大概十多分钟，就看见两个女人提着布提包装着钱往发款室走，到了发款室门口，开了防盗门就进去了。我看清楚这些情况后就走了，出来找到石成强就骑着车回乐至了。

“为了抢劫成功，我和石成强还做了明确分工。我负责抢钱，石成强负责在后面接应，我们说好只要不遇见过于激烈反抗就尽量不要开枪，该开枪的时候还是要果断开枪，所以我需要拿一把火力大的步枪，我在步枪里面装了31发子弹。

“石成强负责接应而且走后面，所以拿自制枪就够了，石成强用的那把自制手枪准备了4发子弹，那把枪只能上一发打一发。

“2002年12月1日凌晨4点多，我和石成强两人坐一辆摩托车，从乐至童家我的家里面出发，我戴毡帽骑的车，石成强戴头盔坐我后面。

“到了雁江区西门铁路桥的时候，我们骑的摩托车后轮没气了，刚好附近有个修车店，补胎加气耽搁了大约20分钟才重新上路。

“我们到达四海公司肉联厂外的时候，是凌晨5点20分左右。我们把摩托车停在邻近肉联厂过桥左侧的路边，有一个水泥平台，头盔就放在摩托车车头上。我们带了两支枪，一支是折叠式步枪，也就是我抢来的那支枪，另一支是自制手枪。步枪用一个蛇皮口袋装着，石成强抱着坐在摩托车后座上，自制手枪是石成强卡在身上的。

“快到四海公司的弯道过小桥的时候，我们把摩托车停靠在桥栏边，我从蛇皮口袋里把步枪拿出来，顺手就裹在了我穿的中长皮衣里，装枪的蛇皮口袋就夹在了摩托车后座上。

背后一枪

“我在前，石成强在后，一前一后就往肉联厂走。我当时进了肉联厂大门直接就走到了出纳室门口，在花台边，我立即将步枪顺手放在了花坛里，然后我就蹲在花坛旁边等出纳员。

“刚等一会儿，就见到两个女的一前一后正在进出纳室外面的门，其中前面一个右手提了一个蓝色的包，包的拉链是拉上了的。我看她们两个正要进门，我立即起身，顺手将头上戴的毡帽的左右两侧的耳朵拉下来，遮住了左右两侧大部分脸，在起身的时候右手顺手从花坛里拿步枪紧跟着她们两个进了出纳室的小厅，左侧那个没提包的女子正在用钥匙打开里间防盗门的时候，我提枪朝右侧提包女子的后背位置打了一枪，中枪的女子缓缓地仰头倒下，动作很慢，在倒下的过程中，她还看了我一眼。

“女子倒下的时候，我立即用我的左手抓住中枪女子右手的提包，当时开门的女子尖叫，连续喊了几声“抢钱了”，还伸手过来抢提包。我将枪口掉转对准了这名女子，她立即就把手缩了回去。

“我提起包，转身大步往肉联厂门口跑。下斜坡的时候，正围着一群在买猪下水（猪的内脏）的人，其中有人喊“出事了”，还有人像是要阻拦我。我边走边把枪口对准那些人，喊了一声“滚”，他们就不敢再喊，也不敢阻拦了。

“这时候，石成强右手握着手枪迎着我一起跑出肉联厂大门。出门的时候，看到又有人跟在我们后面，石成强就转身提起枪，说“不准追”。我看到守门的老头出来看了一下，立刻就缩回门卫室没敢再出来。

“出门后，有两个小伙子跟着我们一直到了我们停摩托车附近，当时我正在发动摩托车，因为天气比较冷，连踩了三脚才踩燃。石成强上车前，握枪朝天空放了一枪，同时对那两个人说“不准上来”，然后我们就开摩托车离开了现场。

“摩托车启动后，原先放在摩托车反光镜上的头盔就掉落在了地上，驶出现场不久，走过一个铁路平交道口时，正遇到有个拉架架车的人在那里过路口，由于车速过快，急刹车，最后导致摩托车侧翻在地，我和石成强当时都摔翻在地，我戴的毡帽和步枪也掉落在地。

“摩托车倒地后，可能是油针卡住了，车子声音相当大，但没有熄火。我立即爬起来，把摩托车扶起来，然后骑上去。同时，石成强也爬起来，捡起步枪坐到后座上。因为太心慌了，石成强没有捡我戴的那顶毡帽，然后我们坐着摩托车依然按原路，经西门、东门大桥回到乐至童家。

“回到童家后，往乐至方向走，离童家收费站大概还有 400 米的地方（地名叫秦板桥），我们就把摩托车骑进往乐至方向走的一条羊肠小路里面，那条小路是紧挨着一条河的，是秦板桥下面的河。我们骑车顺河沟往里面走了大概 70 米，我和石成强就把摩托车推下河了，石成强还主动下到河里，把摩托车往河中央推，直到一点儿也看不见为止。然后我和石成强通过童家三村走近道，经过坡梁回到我位于乐至县童家镇五通村 6 组的家中。

“到家时，刚刚天亮。在我老家二楼上点的钱，当时我们把包打开，点数点出来是 412000 元。然后我们就按照作案前说好的分成比例，41 万的整数，我分了 23 万元，石成强分了 18 万元。另外的 2000 元，我们是均分的，我分了 1000 元，石成强分了 1000 元。”

作案后，梁学武、石成强各奔东西，四处藏匿。

后来，石成强因此前盗窃蚕茧犯罪再度被抓获，乐至县人民法院判处其有期徒刑 9 年 6 个月，送川西监狱服刑，2011 年 3 月因病假释出狱。

梁学武逃跑后先在乐至的文峰、童家躲过风头后，然后便到遂宁船山区开店卖木工板。后来又在陕西凤县贩卖矿石，不久又到成都宏达钢管租赁公司上班。2009 年 11 月再次逃到遂宁做装修木工。2011 年 6 月转到成都安靖镇，还是做装修木工。2011 年 9 月继续返回遂宁做装修木工。

然而，法网恢恢，疏而不漏，东逃西躲的梁学武最终还是没能逃出恢恢法网。

案情真相大白，“8 · 30”武警战士被枪杀案和“12 · 1”四海公司女出纳被杀案终于水落石出，死者的灵魂由此可以安息了。他们的亲属的心灵终于得到慰藉。

同样引以为豪的是，历经 11 年的艰苦努力，资阳警方付出了难以想象的艰辛和智慧，破获了两起公安部部督特大枪案，在破获这两起枪案的过程中还破获了若干其他重特大刑事案件，尤其是破获了 53 起涉枪案件，缴获了各类制式枪支 47 支，其中制式军用冲锋枪 6 支，消除了难以想象的安全隐患，为保一方平安作出了巨大的贡献。

2013 年 6 月 3 日，资阳市委宣传部主持召开的新闻发布会上，公安部和四川省公安厅分别发来贺电，对资阳公安艰苦卓绝的破案工作表示慰问和祝贺！

2013 年 11 月 11 日，资阳市人民检察院以被告人梁学武犯抢劫枪支、抢劫、盗窃、非法持有枪支罪，石成强犯抢劫枪支、抢劫罪向资阳市中级人民法院提起公诉，法院组织刑事审判骨干组成合议庭，于 2014 年 1 月 10 日、1 月 24 日公开开庭审理，经合议庭评议、审判委员会讨论，对前述犯罪事实予以认定，判决：被告人梁学武犯抢劫枪支罪处死刑，剥夺政治权利终身；犯抢劫罪处死刑，剥夺政治权利终身，并处没收其个人全部财产；犯盗窃罪处有期徒刑四年，并处罚金一万元；犯非法持有枪支罪处有期徒刑六年。合并决定对梁学武执行死刑，剥夺政治权利终身，并处没收其个人全部财产。

被告人石成强犯抢劫罪处无期徒刑，剥夺政治权利终身，并处没收其个人全部财产；犯抢劫枪支罪处有期徒刑五年。合并决定对石成强执行无期徒刑，剥夺政治权利终身，并处没收其个人全部财产。同时，由梁学武、石成强依法赔偿对附带民事诉讼原告人造成的相应经济损失。

2015 年 6 月 11 日上午 10 时，经最高人民法院核准，梁学武被押赴刑场执行枪决，结束了他可耻而罪恶的一生。

（注：本文所有不宜公开的人员姓名均为化名）

后　记

从着手采访到动笔写作，历时6年，《背后一枪》终于出版了。该书所反映的侦破历程，曲折而艰辛。出书的过程同样曲折而艰难。身为退休警察，总有一种情感，与在职警察息息相通；总有一种心意，与在职警察一起律动。至今为止，工作之余，笔者致力于本土文化的挖掘与传承，已出版传记类小说7部及160万字的报告文学集。所有这些书目，除了《行者在路上》收录了几十个公安破案短篇外，以长篇书写艰苦破案的《背后一枪》还是第一部。因而，仅以此书献给所有为侦破《背后一枪》所记述的各种案件而付出的战友们！

本书的出版，得到不少理解和支持公安工作的热心朋友和亲人的大力支持，在此向各位亲朋好友表示诚挚的谢意。

由衷感谢瑞升混凝土有限公司总经理陈锐先生、宏基混凝土有限公司董事长朱元辉先生、资阳市佳家房地产建设工程开发有限公司总经理戴道高先生、茂林房地产开发有限公司总经理李厚林先生、崴立混凝土有限公司总经理张胜洲先生、四川萌寿园科技有限公司董事长聂在和先生、四川南骏（现代）汽车集团有限公司董事长孙振田先生、资阳市越阳建设工程有限公司董事长王慧先生、四川两节山酒业有限公司总经理刘小兵先生。

由衷感谢良师益友魏华、沈浩强、唐俊高、梁朝军、孙明俊、徐联兴、周建东、张毅、陈仁德、徐醇先、陶全德诸先生和众多的读者朋友，是你们多年来的关心、关注和关爱激励着笔者不断前行。感谢你们！

杜先福

2020 年 5 月